Plomo y Olvido
Milicianos en el frente de Gipuzkoa

Grupo de trabajo
Memoria Histórica
CNT Gipuzkoa

Fundación Anselmo Lorenzo
C/ Peñuelas, 41. 28005 Madrid
Síguenos fal.cnt.es / fal@cnt.es
facebook.com/fundacionanselmolorenzo.pagina
Twitter: @FAnselmoLorenzo
instagram.com/fundacion_anselmo_lorenzo
Diseño portada: Yeyei Gómez
Maquetación: Victoria Rivas Guerra
De esta edición: Febrero 2024

ISBN: 978-84-127509-1-1
Depósito legal: M-35614-2023

La Fundación Anselmo Lorenzo tiene como principal cometido difundir y proteger la cultura libertaria. Entre sus actividades se encuentra la edición de contenidos y libros sobre anarquismo, así como la conservación de la documentación vinculada al sindicato al cual pertenece, la Confederación Nacional del Trabajo (CNT).

Plomo y olvido
Milicianos en el frente de Gipuzkoa

Grupo de trabajo
Memoria Histórica
CNT Gipuzkoa

Cuadernos libertarios, 14

Prefacio

De un tiempo a esta parte, son numerosas las publicaciones memorialistas que se vienen sucediendo en Euskal Herriak y de manera aún más acusada en Gipuzkoa. El trabajo que reseñamos en esta ocasión aporta dos sustanciosas novedades respecto a ellas.

Por un lado, habría que resaltar (por inéditos) el arco cronológico y el ámbito geográfico tratados. Los frentes occidentales de Gipuzkoa durante el otoño de 1936, preámbulos inmediatos a la constitución del Gobierno de Euskadi y el *Euzkadiko Gudarostea*, no han sido hasta ahora prácticamente tratados como objeto de estudio.

La calculada imparcialidad mostrada por el PNV hasta octubre se traduce en la escasísima participación en la defensa de Gipuzkoa, defensa que asumirían las fuerzas del Frente Popular y también (y con especial ahínco) la CNT-FAI.

En octubre, la concesión de un estatuto de autonomía decantó definitivamente al PNV, quien se convertiría en fuerza hegemónica de aquel primer gobierno vasco de concentración nacional (con la única exclusión de la CNT-FAI). Nacía así el ejército vasco o *Euzkadiko Gudarostea* como amalgama de todas las fuerzas de izquierda que habían luchado en el frente de Gipuzkoa más el *Euzko Gudarostea* (milicias de partido del PNV) que había estado concentrado en la basílica de San Ignacio de Loiola. Los Intxortas se convirtieron en el primer frente en el que combatían codo con codo fuerzas tan ideológicamente dispares y Ziardamendi en el lugar en el que el PNV comenzaría a pagar su contribución de sangre. No es casual que el primero de los columbarios inaugurados por el actual gobierno vasco se ubique precisamente en Ziardamendi (muy cerca de la cruz fascista de Morkaiko) y no en Donostia, Irun, Beasain, Tolosa, Errenteria, Oiartzun, Lasarte, Itziar...

Este trabajo que presentamos nos habla de batallas olvidadas por la historiografía oficial, batallas protagonizadas por recalcitrantes revolucionarios, ideológicamente irreconciliables e inasumibles por políticas públicas de memoria histórica que solo responden a los intereses de la burguesía nacionalista vasca. La guerra que se enseña en los aularios y en la ETB (TV pública vasca), la que se plasma en multitud de publicaciones de ámbito municipal y régimen subvencionado, comienza en los Intxortas, omite filiaciones ideológicas, pondera la participación nacionalista de derechas, confunde el *Euzko Gudarostea* con el *Euzkadiko Gudarostea* y conforma un relato del que se caen nuestros compañeros. *Plomo y olvido* constituye un ejercicio de autodescubrimiento de nuestras raíces, un aporte a la historia *gipuzkoarra* y vasca que, como era de esperar, no es de autoría institucional ni académica.

Esta es la otra gran novedad que supone *Plomo y olvido*: su autoría. Atribuida en portada a la totalidad del grupo de trabajo sobre memoria histórica de la CNT de Gipuzkoa, hemos de advertir que no somos merecedores del tal honor. Se trata de un trabajo personal de nuestro querido compañero Joserra Sousa Lebaniegos. Joserra se encomendó a este trabajo hace ya mucho tiempo y cuando nos venía con alguna cuestión (casi siempre muy técnica) relativa al mismo, le advertíamos que no había investigadores que hubieran llegado a tal grado de minuciosidad, que no aspirara a tanto porque le iba a ser imposible alcanzarlo.

Su perseverancia nos ha desmentido. Ha recurrido a fuentes originales y secundarias, orales y escritas, amigas y enemigas. Las ha contrastado y ubicado en el terreno, refutando algunas teorías, descubriendo más y más posiciones defensivas, elaborando mapas y cronogramas con un cariño tan solo comparable a su pasión militante. Solo o en compañía de sus pequeños milicianos Ekain y Urko, ha recorrido una y otra y otra vez las zonas de combate de un extenso área. La presencia de casquillos con diferentes calibres, procedencias y tiempos de llegada al frente le ha permitido acotar temporalmente esce-

narios bélicos. No queda piedra que no haya volteado. En kilómetros a la redonda no hay *baserritarra*, *lamia*, corzo, jabalí ni
arrendajo que no conozca ya a Joserra.

Al prescindir de publicar su nombre en el libro, Joserra se
adentra en latitudes aún menos cartografiadas que las de los
frentes occidentales de Gipuzkoa. No es nada usual en medios
académico-científicos y apostillaríamos que tampoco en el
"mundillo" memorialista que alguien rehúya los focos y oro-
peles dando paso al colectivo, a la *auzolana*, al sindicato, al
pueblo, al anonimato. Es un gesto de clase que le honra como
persona y define como militante y que nos apremia a cons-
tatar la importancia de que sean las propias organizaciones
obreras que protagonizaron la gesta del 36 quienes recuperen
la memoria sociopolítica de sus militantes. Sin esperar nada
de las instituciones, de manera totalmente autogestionada; así
lo hubieran hecho quienes nos precedieron y cuyas osamen-
tas nos siguen interpelando desde simas, cunetas, vertederos,
mausoleos fascistas, pinares y hayedos de toda Gipuzkoa. Honor y gloria para todos ellos. Este trabajo es la demostración
plástica de que, como decimos en euskera, la CNT *gipuzkoarra*
sigue "sosteniendo su cabeza por el mismo cuello que entonces".

La guinda del pastel la ofrece la cuidada y laboriosa edición a
cargo de la FAL. Nos constan las dificultades técnicas añadi-
das que han tenido por la presencia de elementos gráficos con
mucho detalle y les agradecemos sinceramente el esmero y
buen hacer que han demostrado.

Josetxo eta Xabi
Compañeros de Joserra en
"*Borondate ona/*La buena voluntad"
(*Gipuzkoako CNTren oroimen lantaldea*)

*A mis pequeños milicianos Ekain y Urko,
por compartir trinchera en la vida.*

*A mis compañeros de CNT Gipuzkoa,
por su compromiso y militancia*

*Y a mis amigos cabestros de la montaña
por aguantar todas mis retahílas.*

Joserra

Temerarios

Temerarios, imprudentes, irreflexivos, y probablemente se pueda juzgar este escrito como atrevido o aventurado. Aunque hemos preferido pecar de aventurados y de inexpertos, a dejar pasar la ocasión de no dejar caer en el olvido a los milicianos que combatieron durante estas semanas en el frente de San Miguel y Arrate. Milicianos como los anarquistas de la CNT, socialistas, comunistas o de cualquier otra ideología política o sindical, obreros que combatieron y murieron en estos montes. Milicianos sin homenajes, sin placas, sin monumentos ni columbarios, algunos anónimos y otros con nombre, apellidos, procedencia y familia.

Incontables horas invertidas, viajes a los archivos a los que hemos podido acceder, más de 40 kilómetros cuadrados recorriendo los caminos andados por los milicianos durante el otoño del 1936. Durante nuestro transitar, hemos podido comprobar el celo con el que los investigadores guardan su información, hemos entendido que... la guerra no ha terminado.

Tratamos de hacer nuestra pequeña aportación haciendo un ejercicio de memoria. No sabemos si de memoria histórica o de memoria obligada, los nombres no se entierran en las cunetas. Hemos tratado de entender el desarrollo de la defensa de las posiciones de este frente, trabajando desde la documentación encontrada durante nuestra investigación y de un trabajo de campo. Intentando definir la participación de las diferentes compañías y batallones, situar los lugares de combate donde sin duda alguna hoy día queden numerosos milicianos enterrados en trincheras y fosas. Que estas personas y pasajes y lugares no caigan en el olvido.

Que la tierra os sea leve.

Ella es la luna, es el sol
que me ilumina al caminar
Ella es el viento que me susurra
Un te quiero al despertar
Ella es la esencia que da a la vida
La fuerza para luchar
Ella es la historia que está prohibida
La que quieren enterrar
La que rompe las cadenas
La que los sueños convierte en realidad

El Noi del Sucre. El pasajero

ÍNDICE

Hacia tierras de Bizkaia, huyendo de los fascistas.
(FAL-Fundación Anselmo Lorenzo).

Azkarate

Fuimos a Eibar y de allí nos mandaron al Alto de Madarixa. Allí nos pasó igual que en San Marcial, como no podíamos hacer nada, bajamos a Mendaro, y de allí fuimos a Eibar. (Juan Palacios, Sub-Oficial, Batallón Amuategui).

Septiembre de 1936, después de perder casi la totalidad del territorio guipuzcoano, civiles y milicianos se refugiaban en tierras vizcaínas buscando una seguridad precaria. Días antes de la evacuación de Donostia, multitud de gente deambulaban por las carreteras y caminos. Hombres maduros, mujeres y niños pertrechados con sus maletas y pertenencias.

Trenes abarrotados de gente, esquivando los bombardeos facciosos. Una vez Gipuzkoa ha sido evacuada, la población se refugia en Markina, en Bilbao y en poblaciones de Bizkaia y Cantabria. Gipuzkoa estaba perdida y se trataba de contener la entrada de los sublevados a Bizkaia y así proteger a la población civil y las industrias. La junta de defensa de Bizkaia será la encargada de articular un ejército improvisado, tarea que recayó en la figura del comisario general de Guerra, cargo que ocupaba el socialista Paulino Gómez Sainz. Un ejército vasco que llegó a tener 79 batallones y unos 65.000 combatientes.

Las milicias anarquistas comenzaban a reorganizarse en el Cuartel de Milicias Antifascistas en la Escuela de Ingenieros del barrio de La Casilla de Bilbao. Creando un comité militar propio, evitando así el mando directo del Gobierno Vasco. Batallones socialistas en la Universidad de Deusto. En el convento de Santa Susana de Durango se organiza el Batallón Rusia y las MAOC (Milicias Antifascistas Obreras y Campesinas) a cargo de Cristóbal Errandonea. El PNV en el Patronato de la calle Iturribide. El alistamiento era constante, los obreros se echan al monte, tanto milicianos vizcaínos, alaveses, navarros, como guipuzcoanos provenientes de los grupos y compañías de combatientes en el frente de Gipuzkoa. Milicianos originarios de los "Grupos de Defensa Confederal" ya formados en 1934 y 1935, precariamente armados, que darían lugar a las primeras compañías. Grupos de afinidad o de cercanía como cuenta Auspicio Ruiz, Capitán del batallón Malatesta. *La compañía no está formada toda por gente de la confederación, tengo amigos comunistas, muchos vienen por afinidad de compañeros. Al frente de la compañía estoy yo, yo hago de Capitán y lo hago lo mejor que puedo y no se puede pedir más.*

Las enérgicas y muy activas compañías socialistas, "Máximo Gorki", "Carlos Marx", las MAOC (Milicias Antifascistas Obreras y Campesinas) del partido comunista y grupos de milicianos anarquistas, con nombres tan sugerentes y románticos como "Compañía Amor" (Tolosa)," "Justicia y Cultura" (Donostia), "Los Temerarios" (Donostia) o "La Buena Voluntad "(Donostia). Grupos que posteriormente se incorporarían a las milicias antifascistas y éstas a su vez en Compañías, para finalmente convertirse en el germen de los batallones confederales.

No todos los milicianos se encontraban en Bilbao. Muchos estaban defendiendo el paso de los fascistas por los márgenes del río Deba, en Antzuola, en Zumarraga, o en Itziar. Después de pasar las cuencas del Oria y el Urola, los fascistas planeaban una nueva ofensiva para atravesar el Deba, y así acercarse a uno de sus grandes objetivos, entrar en Bizkaia. Bilbao y las demás localidades vizcaínas donde se había instalado la industria armera y metalúrgica. Eibar, Durango, Gernika y Markina, estaban en el punto de mira de la ofensiva fascista. Las milicias habían cedido terreno y se replegaban hacia Bizkaia, dando por perdida

Milicianos en Zumaia. (FAL-Fundación Anselmo Lorenzo).

la provincia de Gipuzkoa repitiéndose el repliegue y retirada sistemática de todos los frentes, debido entre otros factores a la falta de munición y armamento. Unas milicias con una capacidad de combate muy inferior a los fascistas armados en los cuarteles de Pamplona y Estella. Los milicianos contaban con el armamento recogido en la toma del cuartel de Loiola, Garellano y aquellas armas que los grupos de defensa almacenaron tiempo antes de levantamiento, básicamente escopetas de caza y las armas que incautaban a vigilantes y cuerpos de seguridad. Los Eibarreses contaban con una pequeña cantidad de pistolas ametralladoras "Royal", de una fabricación destinada a China que sería aportada por la fábrica de Armas Behístegui Hermanos. (Juan Behístegi. Batallón Loyola).

Milicianos anarquistas y repúblicanos se instalarían en Zestoa, en el hotel Arocena y en el Balneario, donde los días 18 y 19 se movilizarían varias compañías republicanas del Azaña y CNT Gipuzkoa. Ante la imposibilidad de situar una línea defensiva en Zumaia, debido al incesante avance de los fascistas, reciben órdenes de desplazarse al frente. Los anarquistas se reorganizaron en Zarautz en tres Compañías que acudieron a los frentes de San Miguel, Elgueta, Antzuola y Zumarraga.

"Estando en Usurbil dan orden de replegarse detrás de Orio y Zarautz. Es en Zarautz donde estaban los miembros de la CNT, yo ya había formado compañía y estando en Zarautz nos dicen que teníamos que ir a Errezil. Total cuando estábamos por allí

Puente destruido de Maltzaga. (FAL-Fundación Anselmo Lorenzo).

solo protestaban porque no sabíamos dónde estábamos, el guía no sabía dónde estaba, nadie sabía nada. Nos fuimos a Zumaia y de allí pasamos a Azpeitia. La tropa nacionalista que se había reunido en Azpeitia no la vimos, ni al ir ni al venir. Tanto es así que al llegar a Zestoa nos preguntaron que hacíamos allí, si a ellos ya les habían dicho que se fueran y que allí no quedaba nadie y efectivamente. De allí nos dijeron que fuéramos directos a Bilbao, llegamos a Bilbao y allí se formó el Batallón Malatesta" (Auspicio Ruiz Archivo Historico de Euskadi C8/Exp4)

Tres compañías para las que se nombraron varios mandos, Auspicio Ruiz (1ª Compañía), Francisco Carrera (3ª Compañía) y Roberto Lago Boza (2ª Compañía). Éste último sería quien a la postre ocuparía el oficio de capitán en el Batallón Azaña Gipuzkoa de Izquierda Republicana, para terminar como capitán en el Batallón CNT Nº5 Durruti, tras la caída de Bilbao.

Era domingo día 20 de septiembre y la carretera del puerto de Azkarate era un trajín de subir y bajar coches llenos de milicianos y voluntarios elgoibarreses que acudían a colaborar, nerviosos pero convencidos de ser capaces de parar a la maquinaria fascista que hasta el momento avanzaba sin apenas oposición.

Un grupo de milicianos eibarreses se apresuraba a situar los seis camiones blindados de los que disponía en el enclave de Maltzaga. Situados en mitad de la carretera, distribuidos a cierta distancia entre sí, línea de vanguardia que días después hubo de retrasarse medio km, puesto que las armas de los facciosos controlarían las alturas colindantes a este lugar tan estratégico. Entre la media docena de blindados, destacaba por su potencia y características de protección *El Gavilán*, preparado de forma artesanal en los talleres de la Orbea. Otra sección de milicianos eibarreses se encontraba en Arrate que recibían el refuerzo de una compañía del Batallón Meabe 1 (Largo Caballero) que había salido de las Escuelas Normal de Maestros de Bilbao. (Vargas Alonso las bases sociales del frente popular en Euskadi y la defensa de la republica 2015)

Se van ocupando posiciones en lugares estratégicos. Repartidos en pequeños grupos, socialistas bilbaínos de la Columna Meabe 2 (Stalin) junto a combatientes guipuzcoanos de la C.N.T y milicianos eibarreses del batallón en ciernes, Amuategui. Estos últimos venidos días antes de combatir en San Marcial, frente que abandonaron ante la falta de medios y armamento. Además de elementos de la Guardia civil, entre los que se dieron casos como el de José Cárdenas Lobato, residente en la casa cuartel de Elgoibar que días después se alista en el Batallón Azaña, para posteriormente ingresar en la Guardia Nacional Republicana en el mes de octubre de 1936.

> ...*" Fue entonces cuando recibí el primer tortazo de la guerra, tortazo con sus dos significados: accidente de automóvil y ostión morrocotudo en plena cara. Cerca de Elgoibar subí a un coche que se dirigía a San Lorenzo, dejando la carretera de Azkoitia. Esa parte del frente estaba muy movida y convenía saber su situación.*

> *Iban en el ocho milicianos que se incorporaban a las líneas montañosas procedentes de Durango. El chofer conducía velozmente. En una curva nos encontramos con otro vehículo...me llevaron al hospital de Durango..."* (*Los anarquistas y la guerra en Euskadi,* Manuel Chiapusso)

En el Convento de San Francisco de Durango se movilizarían la 2ª y la 3ª Compañías de CNT Gipuzkoa, además de las milicias de Azaña Gipuzkoa de Izquierda Republicana.

Según relata Chiapusso, se dirigían al alto de Azkarate por el barrio de San Lorenzo, para posterior ascender a las posiciones en el Alto de Azkarate.

Retumbaba por los caminos y carreteras guipuzcoanas el traqueteo de la marcha de los vehículos de la agrupación Pedro Díez de Rivera, perteneciente a la Columna Los Arcos.

Compuesta por el Grupo Montoya; (4 compañías del Tercio de Lacar/ 1 batallón de Montaña Sicilia 8/ 1 centuria de falange/ Grupo Ochoa de Zabalegui/ 2 compañías del Tercio de Lesaka/ 3 compañías de ingenieros y 1 de carros blindados).

Voluntarios navarros comandados por mandos militares profesionales. El tercio de Lacar iba en vanguardia de la formación, convencidos de continuar su paseo triunfal lleno de conquistas por la geografía guipuzcoana. Valles y montañas, ocupadas por milicianos y gudaris, trincheras y muretes que apenas servían de parapetos a sus defensores. En la mayoría de las veces simples muros separadores de terrenos, resaltes naturales aprovechados como defensas protegidos por ramaje o sacos rellenos de tierra o arena.

Los sublevados ya habían entrado en Azpeitia y se acuartelarían en el Santuario de Loiola, hasta ahora cuartel general de las milicias del Eusko Gudarostea que han recibido orden de replegarse a Saturraran. A última hora del domingo ocuparían la ermita del barrio de Madariaga, parapetándose combatientes bizkainos y eibarreses tras una formación de sacos terreros y alambradas. Al mismo tiempo se llevaba a cabo una gran voladura en el camino que une Azkoitia con el alto de Azkarate a unos metros del caserío Aldazabal, con la intención de cortar el avance de la columna rebelde o al menos retrasarlo. Este era el presagio del estancamiento del ejército faccioso en los montes de Kalamua y Akondia. El camino que unía a su vez el caserío Zukiazu (Zukuru) y el alto de Azkarate se encontraba totalmente cortado por troncos, rocas y ramas cortadas de los árboles que se encontraban a los costados del camino, para así evitar la maniobra envolvente tan típica y descrita en las órdenes militares. Todo estaba preparado, los nervios eran evidentes y esa noche era una de las tantas noches sin dormir, tumbados al raso, expuestos al frio y al agua a pesar de la ayuda del café y unos tragos de "Matarratas" o "Saltaparapetos ", licor de alta graduación y de escasa calidad usado para "animar" a los combatientes.

Según testimonio de Miguel Oñaederra Epelde, en el momento en el que los requetés entran en Azkoitia, dos milicianos anarquistas bien equipados con su fusil y brazalete de CNT, abandonan el pueblo dirigiendo varios disparos a los cristales de la iglesia, ocupada por los feligreses.

Seguidamente escapan hacia el alto de Azkarate, hecho del que informan los habitantes a la de lo patrulla requeté. A las pocas horas, bajan los requetés vanagloriándose de haber matado "a tres milicianos", uniéndose después a la fiesta ofrecida por el pueblo de Azkoitia con grandes manjares y bebidas. Nos cuesta creer la afirmación de los requetés y pensamos que es más probable que forme parte de las invenciones habituales de dichos militantes.

El alto de Untzon también conocida como "Fortaleza", lugar utilizado ya antes en las guerras carlistas, hacía de perfecta atalaya desde donde divisar el avance de los rebeldes. Desde este alto se dominaba perfectamente el paso obligado por el caserío Aldazabal, y desde la cima contigua, se controlaba el trayecto de bajada hasta los caseríos de Juaristi y Amezti. De madrugada, se empezaban a ver movimientos de los requetés que iban ocupando las laderas que desde Azkoitia ascenderían a Madariaga. En vanguardia como era costumbre destacaba una compañía de tercio de Lacar y le acompañaba una compañía de zapadores del ejército. Al mismo tiempo, el avance continuaba por el camino de Azkaratepor donde avanzaba el grueso de la columna y por el flanco izquierdo, por donde ascendía una batería del regimiento de artillería hacia el alto de Untzon.

La primera sección de Ingenieros del grupo Ochoa de Zabalegui, dirigida por el capitán Pérez Nievas, se lanzaba al asalto de la ermita de Madariaga. El tiroteo es salvaje, los fusileros no descansaron durante varias horas hasta que los milicianos encontrándose rodeados y superados, no tuvieron más remedio que batirse en retirada. Un numeroso grupo de milicianos eibarreses y bilbaínos se replegaban en un vertiginoso descenso hacia el fondo del valle del Kilimon en Mendaro.

En la retirada uno de los milicianos tratando de esquivar el fuego faccioso, recibía un disparo en la espalda, que le hizo caer desplomado en el suelo, siendo después rematado en el suelo con un segundo tiro a quemarropa en el rostro. Se desconoce la identidad de este miliciano, enterrado los días posteriores en los restos de un antiguo calero situado a varios metros del camino del barrio de Madariaga. (Félix Etxeberria, Ahotsak)

El avance continuaba por la carretera que se dirigía al alto de Azkaratey los golpistas se encontraban con el derrumbe de rocas, piedras y barro, producto de la gran voladura del camino a su paso por el caserío Aldazabal impidiendo el paso de vehículos y apenas el de los soldados. Los milicianos situados en el monte Untzon, en la ladera superior del hayedo del caserío Kurutzeta defendían sus posiciones y no cesaban en su disparar de fusilería. Quedando totalmente detenida la columna, esperaría a que la compañía de artillería enviada por el flanco izquierdo realizara el movimiento envolvente, provocando el repliegue de los milicianos, hasta ocupar la cima contigua ("Fortaleza"). Una vez copados por el enemigo los milicianos descenderían hacia el valle de San Lorenzo.

En primera línea marchaban las compañías 1ª y 4ª del tercio de Lacar. El fuerte empuje hacía retroceder a los milicianos, los cuales tomaban el camino que se dirige a Elgoibar y trataban de parapetarse en los muros situados en los caseríos Juaristi Haundi y Juaristi, donde se encontraban cara a cara con los requetés dándose un fuerte tiroteo. Una lucha encarnizada en la que los milicianos se veían obligados a retroceder hacia la villa, a la vez que otros buscaban una escapatoria descendiendo el valle dirigiéndose hacia la zona de Ballagoitxi y Mendibeltzu. Durante este enfrentamiento morirían varios milicianos, entre los que se identifica al componente de la CNT Antonio Urruzola Landa, sindicalista residente en Elgoibar. Perteneciente a la sección sindical del margen del Deba, compartiendo afiliación con trabajadores eibarreses y elgoibarreses. Preso en la cárcel de Ondarreta en noviembre de 1935 acusado del robo de varias pistolas en la escuela de Armería de Eibar junto a sus compañeros Gastón Zubizarreta, Hilario López y José Urbieta. Su hermano Víctor Urruzola fue también combatiente anarquista en el Batallón Bakunin (Archivo Historico de Euskadi). Los demás combatientes muertos: Emilio Alonso de las Heras, de la columna socialista Meabe 2 (JSU). (Archivo Histórico de Euskadi), además de otros dos milicianos de identidad desconocida. Entre los voluntarios carlistas también habría dos muertos y varios heridos.

"Uno de dieciséis o diecisiete años, que no olvidaré, se desangraba con una herida en el pecho diciendo que nunca hubiera imaginado que fuera tan suave el morir". (Muerte de Javier Gil Arbe "Pedrete". Archivo Lizarza y Lasala).

A pesar de contar con la inestimable ayuda de la artillería situada en el santuario de Arrate que no cesaría su actividad acompañada por la aviación leal, realizando varias pasadas bombardeando las zonas ocupadas por los rebeldes, con resultados poco productivos. La retirada era inevitable ante la posibilidad real de tener más bajas a pesar de mostrar una gran valentía en el enfrentamiento. En su llegada a las cercanías de la villa, tras un intercambio de disparos en los alrededores del caserío Upaitz, que después arrasarían llevándose todo lo que pudieron, comida, ropa, rapiñando la huerta y el corral. Algunos milicianos, muy probablemente los replegados en Madariaga, ocuparon el muro cercano al caserío Altzolaberaseta, donde se refugiaron, para abandonar la posición al día siguiente ante la llegada de los hombres de Cayuela.

En su entrada al pueblo los requetés se hacían con un vehículo utilizado por los milicianos donde guardaban material médico para curas de emergencia, pistolas Mauser y Star, además de municiones. Alrededor de las cinco de la tarde el tercio de Lacar hacía su entrada en la villa de Elgoibar bajo proclamas de ¡¡Viva España!!, ¡¡viva cristo rey! ocupando toda la villa. (Archivo Lizarza y Lasala).

Trasladarían seguidamente varias compañías a los caseríos de Olaso para así ascender al barrio de San Pedro. Sería la segunda Compañía del Tercio de Lacar la que ocuparía los caseríos de la zona.

Garatemendi se convertiría en el punto central, desde donde partirían los ataques facciosos. Punto de vital importancia junto a Armueta puesto que era el cruce de carretera del barrio de Santa Klara, desde donde dirigían el ataque hacia el alto de San Miguel.

Amanecía el día 22 con un fuerte ataque de artillería desde Arrate, además de la aviación republicana y bajo el fuego de fusilería, conseguían establecerse en Garatemendi, a costa de muchísimas bajas, sobre todo en la compañía de ingenieros del grupo de Ochoa de Zabalegui. Estableciendo como punto central del ataque, eje sobre el que se desarrollaría el resto de las operaciones y tomando como columna vertebral de su empuje la carretera que une Elgoibar con Markina. El frente se endurecía enormemente para los tercios navarros en su "cruzada". El objetivo de sus operaciones era atravesar la línea del río Deba desde el alto de Arlaban hasta Ondarroa.

Milicianos, militares del cuartel de Garellano y Guardias de Asalto llegaban a Markina para inmediatamente incorporarse al frente. Durante la primera jornada se formaba un grupo de unos 40 milicianos que iban ocupando posiciones en el alto de

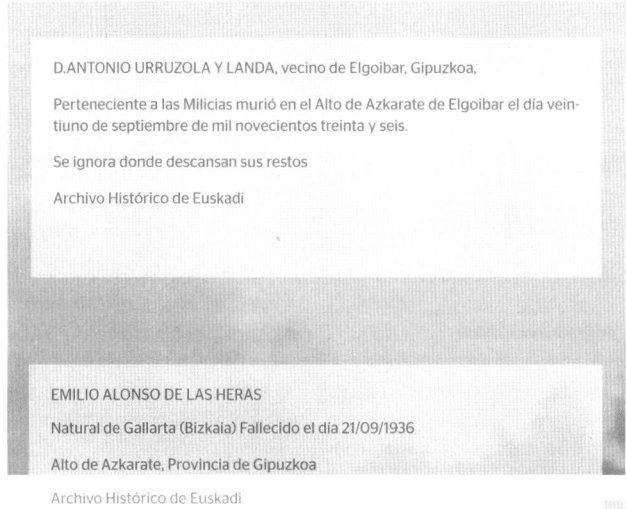

D.ANTONIO URRUZOLA Y LANDA, vecino de Elgoibar, Gipuzkoa,

Perteneciente a las Milicias murió en el Alto de Azkarate de Elgoibar el día veintiuno de septiembre de mil novecientos treinta y seis.

Se ignora donde descansan sus restos

Archivo Histórico de Euskadi

EMILIO ALONSO DE LAS HERAS

Natural de Gallarta (Bizkaia) Fallecido el día 21/09/1936

Alto de Azkarate, Provincia de Gipuzkoa

Archivo Histórico de Euskadi

Alto de Azkárate, donde se encuentran varias de las fosas de los combatientes muertos el día 21-09-1936..

Muro de Mendigain utilizado por los sublevados como protección..

San Miguel. Este día es cuando Juan de Ajuriaguerra, dirigente del partido nacionalista vasco, llamaba al sector de Markina; "preguntando si en dicho sector se contaba con los refuerzos militares, y le informaron que aquella misma tarde habían llegado trescientos muchachos, pero sin arma alguna y se hospedaban en el balneario de Urberuaga" (Alberto Onaindia, Hombre de Paz en la Guerra.)

Milicianos tratan de ocupar posiciones en el frente (Foto FAL Fundación Anselmo Lorenzo).

Llegan más tropas;
días de tanteo

"Los mendigoixales se han retirado ya de la lucha; sólo quedan pequeños núcleos de elementos pertenecientes a la C.N.T, que prosiguen la táctica de paquear y resistir débilmente a nuestras fuerzas..." (Diario *Unidad* 24/09/1936)

Las unidades del teniente coronel Pablo Cayuela, al mando del Capitán Carcer, avanzaba por el alto de Azkarate con el Objetivo de tomar Altzola, (columna compuesta por el Batallón Arapiles 7, un Tercio de los requetés conocidos como, "los Requetés de Cayuela", y una compañía de falange). En los días posteriores se uniría a su columna el Tercio Carlista, "Nuestra Señora del Camino ". Estas unidades pertenecían a la columna Iruretagoyena, que harían la función de juntar las líneas formadas por la Columna Los Arcos y la Columna La Torre. Ésta última columna se situaría en Deba y así formar una línea de avance por toda la margen del Deba. Durante estos días tratarían de ir ganando terreno y analizando la capacidad de los defensores. Seguían llegando tropas. Elgoibar se convertiría en plaza militar fascista y centro de operaciones desde donde partirían las columnas para la toma de Bizkaia. Los defensores hostilizaban el avance de los facciosos, con incesantes descargas de fusil, convirtiéndose en muy peligroso y poco recomendable el paso por la plaza del pueblo y por algunas calles dependiendo de su orientación.

Los sublevados seguían llegando a Elgoibar, habían pasado por el alto de Azkarate siendo fuertemente hostigados por el fuego de fusilería proveniente del cordal de Karakate-Hirukurutzeta ("Guercinta" según los diarios requetés). La artillería situada en el Santuario de Arrate y los esporádicos vuelos de aviones leales, bombardeaban las posiciones fascistas sin demasiado acierto.

Milicianos anarquistas ya ocupaban las posiciones en los altos de San Miguel y San Pedro, es la 3ª compañía de milicianos de CNT Gipuzkoa, milicianos anarquistas comandados por Francisco

Carrera Goicoechea (Tolosa). Entre otros muchos milicianos se encontraba Emilio Guruceaga Villarreal, (juzgado durante la posguerra acusado de participar en la reconstrucción de la CNT en Gipuzkoa (Sumario Nº450/44 Archivo Ferrol), uno de sus hermanos, Crescencio, junto a los hermanos Iturralde Alday originarios de Mutriku y residentes en Errenteria y otros muchos milicianos conocidos y compañeros de sindicato en Tolosa, Errenteria y Donostia.

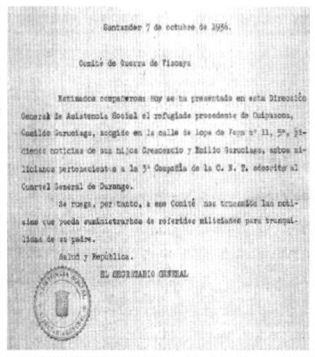

Carta del padre de los Hermanos Guruceaga, preguntando por el paradero de sus hijos que se encontraban en el frente de San Miguel. (Archivo Historico de Euskadi).

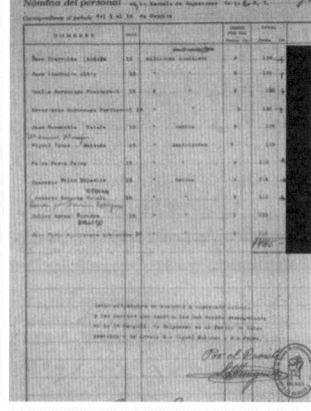

Estos milicianos se encuentran esperando órdenes y los puestos que constan los han venido desempeñando en la 3ª compañía de Gipuzkoa en el frente de Eibar, posiciones de Arrate, San Miguel, Kalamua y San Pedro.

CDHM: Nóminas Cuartel de Ingenieros de la Casilla de Bilbao. (Archivo Historico de Euskadi).

La gran mayoría de las veces, las noticias tardaban en llegar. La comunicación y la información era escasa y los familiares hacían lo imposible para conocer el paradero de los combatientes. Es el padre de los hermanos Guruceaga el que desea recibir noticias de sus hijos que se encontraban combatiendo en este frente. Los dos hermanos tolosarras se alistarían en La Casilla, en el Batallón Sacco Vanzetti durante el mes de octubre, tras abandonar la posición de San Pedro (Elgoibar).

La línea defensiva de la línea fronteriza con Bizkaia contaría con varios batallones de nueva incorporación. Durante esta jornada hace acto de presencia el Batallón Baracaldo, milicianos venidos de la localidad de la margen izquierda del Nervión que acabaría teniendo numerosas bajas.

Estos milicianos recién venidos se repartían entre las posiciones de San Miguel, Morkaiko, Ziardamendi, San Pedro y Moru, defendidas por la 3ª Compañía guipuzcoana de la CNT, Mendigoizales y Guardias de asalto. Según el diario "El Pensamiento Navarro", durante la mañana del dial 23 se tomaría el alto de Moru, lo cual se intuye bastante improbable, puesto que era una posición defendida por los milicianos anarquistas hasta su retirada el día 28 de septiembre. Moru junto con las peñas de Muneta formaban una línea que cortaba totalmente el avance hacia Maltzaga. Se trata de un ascenso muy empinado y expuesto al fuego de los milicianos, así que suponemos que cuando se refieren a Moru, realmente podría ser la cima de Armueta donde se establecía una de las líneas de avance sobre las posiciones de Eguentxiki y San Pedro. Lo más probable es que simple- mente se trate de propaganda de guerra, abusando de la épica en sus relatos y narraciones de estilo carlista. Sería la 2ª Compañía de Lacar junto a la 1ª de Lesaka, las que se parapetarían en Armueta, enfrentados a las posiciones de Eguentxiki, Moru y San Pedro.

Los milicianos van ocupando posiciones defensivas en Morkaiko, Goikone, Ziardamendi o Urkaregi. El ejército sublevado mantenía una táctica de control y de tanteo, buscando los puntos vulnerables preparando la gran ofensiva prevista para el próximo día 25 de septiembre. Pasarían varios días parapetados en la ermita de San Pedro, Moru y los caserios de la zona. En

Eguen y Eguentxiki se situaría la primera posición defensiva, los milicianos protegidos tras los muros de la huerta evitaban el avance de los requetés, encontrándose frenados en Armueta.

El caserío Arraitza, y la Ermita de San Pedro fueron los lugares elegidos por los milicianos tolosarras como refugio. Guardaban supuestamente armas, municiones y provisiones que abastecían de medios a la trinchera del alto de Larramendi (según el parte de Francisco Carrera, "San Pedro Gaina"), loma inmediatamente superior a la primera posición defensiva (Eguentxiki), donde ocupaban una trinchera de grandes dimensiones. Esta trinchera se convertiría en una posición muy importante puesto, que a posteriori se convertiría en el lugar de entrada de los requetés a Arrate. Según cuentan algunos testigos, los primeros días en los que llegaron los milicianos reclutaron a tres chicas jóvenes de los caseríos colindantes Arane y Aranburu, para realizar las labores diarias. Días después el criado del caserío Arane, en un momento de descuido rescata a dos de las jóvenes sorprendiéndose de que la tercera joven decidiera quedarse para después escapar con los milicianos anarquistas tolosarras. (Ahotsak Josefa Gabilondo EGB-O5).

Caserio Arraitza, refugio anarquista durante los combates de San Pedro.

Desarrollo de las operaciones

Durante la tarde de mañana (día 24), los diferentes Grupos de mi columna tantearán la resistencia enemiga con objeto de buscar las zonas de más fácil infiltración. Evitarán todo combate fuerte, y una vez, elegidas las direcciones de ataque más convenientes acumularan sobre ellas sus mayores núcleos para lanzarse al siguiente día, con la mayor resolución... Pasado mañana (día 25), tendrá lugar el gran esfuerzo de todas las unidades para apoderarse de las posiciones enemigas de la divisoria. Se seguirán las normas tantas veces dictadas, de operar por envolvimientos sucesivos, tratando siempre de copar al enemigo, para intensificar así su desmoralización" GMAV. C1361.11/11 (Archivo militar de Ávila)

El combate estaba siendo estático, con avanzadillas de exploración. En las cercanías del caserío Olazarra se encontraba una posición defensiva improvisada por un muro de piedras desde donde intercambiaban ráfagas de fusil y ametralladora con los hombres de Cayuela que se protegían tras el muro de Mendigain. En una de esa exploración de tanteo, hacían prisionero a un miliciano desconocido, aunque parece indicar por la fecha y el lugar que podría tratarse de un combatiente del batallón Barakaldo de 19 años fusilado en la parte posterior del balneario de Altzola por los hombres de Cayuela. Antes fue interrogado, informando que en las alturas se encontraban más de 400 milicianos dispuestos a defender sus posiciones. Cruzarían la línea del Deba con la intención de ir tomando y desarmando las poblaciones que a su camino encentraba el ejercito golpista, cerrando coordinadamente el cerco hasta llevar a los fascistas a tomar Bilbao.

Militares del Sicilia 8 y falangistas, ascendían por el caserío Olazarra situando una posición adelantada en Mendibeltzu donde pernoctarían. Los defensores no tenían otra posibilidad que la ir retrasando sus posiciones hacia Ziardamendi y el alto de San Miguel

La columna del Teniente Coronel Cayuela ya se había situado en la posición del caserío Altzolaberaseta, donde instalaron una batería de artillería con sus cañones apuntados hacia las posiciones milicianas. La artillería, o para ser más precisos, la escasez de artillería se convirtió en uno de los mayores hándicaps en la defensa del territorio guipuzcoano. Todas las posiciones eran primeramente barridas por disparos de Obuses y Morteros y tras la lluvia de metralla, comenzaba el incesante fuego de ametralladora y fusilería. Teniendo en cuenta que las posiciones no estaban lo suficientemente preparadas para repeler y resistir el fuego enemigo, la defensa se convertiría en tarea imposible.

Karakate, posición estratégica

22 de septiembre ...hoy en un plan de clandestinidad, abandonamos inmediatamente la carretera que conduce a Elgoibar por el puerto de Azkarate y tomamos los caminos propicios a las vacadas y molesto chirriar de los carros montañeses... Se teme con algún fundamento que los rojos separatistas hayan fortificado el monte Kurutzeta. Perfectamente coordinadas, avanzan al unísono de nuestro movimiento otras fuerzas por la carretera de Elgoibar a nuestra derecha. Seguimos progresando hasta el más alto vértice de la mencionada montaña y sorprendemos a los enemigos que construyen parapetos a nuestra sola presencia huyen desordenadamente. (Memorias del tercio de Montejurra)

Refugio improvisado en Karakate, posteriormente volado por un proyectil miliciano.

A las ocho de la mañana del día 22, partía de la villa de Azkoitia la columna Pérez Salas, que sustituía en el mando a García Valiño que resultó herido en fuerte de San Marcial de Irun. Era el tercio navarro de Montejurra, tercio que se jactaba de haber herido de muerte al comandante Pérez Garmendia en Oiartzun. Comenzaba el ascenso a las peñas de Hirukurutzeta con la orden de ocupar Soraluze de las Armas. Posición que utilizarían como base para en días posteriores posicionarse en las peñas de Muneta, lugar estratégico que todavía ocupaban los milicianos desde donde entorpecían con sus disparos de fusilería y artillería a la entrada a la villa de las columnas fascistas por la carretera que une Azkoitia y Elgoibar. Defienden las alturas milicianas tolosarras de la compañía "Carlos Marx" del batallón Rusia y una compañía de UHP.

En la ante cima de Hirukurutzeta, no dejaban de llover granadas barredoras de trinchera que hacían estragos entre los milicianos y proyectiles que explotaban antes de llegar al suelo provocando una granizada de plomo. Apenas pueden contener el ataque, se van retrasando hasta conseguir resguardarse entre las peñas de Atxolin. Imposible detener el paso a los tercios requetés que descienden a Soraluze de las Armas haciendo su entrada a las nueve de la noche por la calle Elizburu.

Las secciones 1ª y 2ª de la 1ª compañía del tercio se quedaba a pernoctar y defender las posiciones tomadas para evitar que los milicianos las volvieran a ocupar.

Las campanas no dejaban de sonar y las banderas blancas en los tejados y en los balcones indicaban la rendición de la villa. Para entonces la fábrica de armas de la S.A.P.A. ya había sido trasladada a la Naval de Sestao, dejando solamente material y alguna maquinaria inservible. Aunque al muy poco tiempo el bando golpista, reanudaría la fabricación de armamento a pesar de ser bombardeados desde las posiciones leales de Irure e Illordo. (Soraluze. Monografía Histórica. Ramiro Larrañaga)

Dia 23, el resto de la 1ª compañía del tercio de Montejurra asciende a las peñas de Atxolin con la orden de tomar las Peñas de Muneta. Durante toda la jornada, el combate es duro y la distancia demasiado corta.

Los requetés de Montejurra no tenían más remedio que detener el ataque y esperar al día siguiente a que se uniera la 2ª Compañía del tercio ya que los milicianos habían reforzado sus posiciones encontrándose fuertemente fortificados y bien

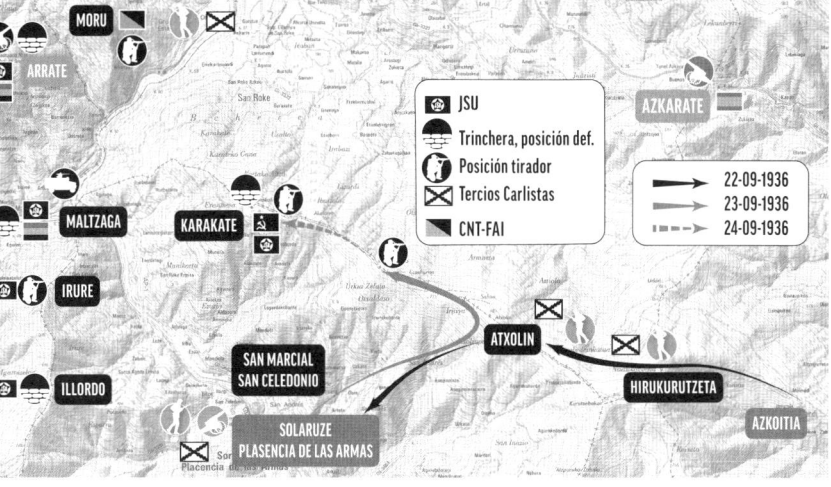

provistos de ametralladoras estratégicamente situadas.

Tras una tensa y larga noche en la que se intercambiaban disparos y se intuían movimientos, los milicianos se encontraban parapetados entre las rocas, tapando los huecos con sacos de arena, arrojando gran cantidad de granadas de mano "Lafitte, pero nada podían hacer contra la maniobra que los fascistas llevaban a cabo. Avanzaba la 2ª compañía por el flanco derecho y la 1ª atacando frontalmente con fuego de fusilería y los dos cañones que llevaba horas castigando la zona, colocados en la ermita de San Emeterio y San Zeledonio en Soraluze. Los milicianos se retiraban, perdiendo sus vidas en el combate cuatro milicianos, 1 del Rusia y 3 del UHP, quedando sus cuerpos en las trincheras y más de una docena de heridos entre los que se encontraban los hermanos tolosarras Victoriano y Juan Larrayoz Vallejo, recibiendo este último un disparo en la cabeza que después de varias operaciones quedaría lisiado de por vida. (Fundación Pablo Iglesias).

Un grupo de milicianos de Eibar comandados por Víctor Lecumberri acudía a reforzar la posición y en ayuda de la unidad de Bilbao, pero a medio ascenso, se topaban con los combatientes que descendían en su repliegue. Como decía el protagonista del relato, —¡lástima del retraso!— (Víctor Lecumberri "Otxabina". Batallón Amuategui. Archivo Histórico de Euskadi)

33

El tercio navarro no saldría de este combate con su lista de bajas a cero, sino que por el contrario tendrían numerosas bajas, 1 requeté muerto y 14 heridos.

Desde estas cimas antes se hostigaban a las tropas fascistas que entraban por la carretera de Azkarate a la villa de Elgoibar, después utilizada para castigar a los milicianos que se encontraban en Arrate. No tardarían los facciosos en situar una batería de campaña con dos cañones Schneider de 70 mm, con un alcance muy superior, a los 1900 m de distancia existente entre Karakate y la iglesia de Arrate. Al mismo tiempo la guarnición de artillería golpista instalada en el cruce de Santa Klara no dejaba de cañonear a las posiciones del alto de San Miguel. Los bombardeos se cobraban varias víctimas en las explosiones cercanas a los caseríos Zumeta y Belartondo, posiciones que probablemente ocupaban los milicianos del batallón Baracaldo.

La gran ofensiva estaba en ciernes y los movimientos se coordinaban para enlazar todas las compañías golpistas en los altos de San Miguel y Urkaregi.

25-09-1936, Ofensiva San Miguel y Urkaregi

Hay que sembrar el terror...hay que dejar la sensación de dominio eliminando sin escrúpulos ni vacilación a todos los que no piensen como nosotros. (General Mola)

La junta de defensa eibarresa presidida por los socialistas, al mando de Juan de Los Toyos se encontraba superada en aquellos momentos. Contaban con unos insuficientes 1000 combatientes y durante estos días llegarían a Eibar para sumarse al frente numerosas compañías de varios batallones de UGT y de la Columna Meabe. Los nacionalistas del PNV no tenían más remedio que entrar en combate, a pesar del papel desempeñado hasta la fecha. Hasta el momento haciendo labores de vigilancia en las localidades guipuzcoanas evitando los desmanes de los milicianos promoviendo la creación de la Guardia Cívica, sin apenas oposición a la entrada de los sublevados en la gran mayoría de las localidades de Gipuzkoa. Este se convierte en un tema tan interesante como controvertido; el verdadero papel y evolución del PNV al comienzo de la guerra tomando un confuso papel de neutralidad. Capaz de negociar y pactar con las derechas tradicionalistas y católicas a pactar y unirse al frente popular, postura que le acercó definitivamente al estatuto de autonomía. Según relataba Alberto Onaindia, durante estos días, él realizaba labores de mensajero con una propuesta que realiza el general Mola, conocido como "*El Director*", por medio de Fernando Horn Areilza, en la que se trataban ofrecimientos y concesiones como:

- La custodia de los prisioneros de guerra y los bancos.

- Anulación de confiscaciones y atropellos.

- No se procesaría a nadie sin un proceso con garantías, autorización para que el pueblo regresase inmediatamente.

- La adjudicación de las labores de orden público.

A cambio el PNV debería de dejar paso a las tropas fascistas en Gipuzkoa y Bizkaia. La promesa de que sólo y únicamente se bombardearían objetivos militares. Mola sabe que estaba al llegar un barco con armamento y esperaba una respuesta para el día 25, fecha fijada para una ofensiva en todos los frentes. Una respuesta que nunca llegaría y ordenaba una serie de bombardeos que se producirían a las 9:00 h. de la mañana y a las 1700 h. de la tarde. Bombardeos masivos a numerosas localidades como Bilbao o Durango, provocando numerosas víctimas. Estos bombardeos dieron lugar a una respuesta por parte de los milicianos, ejecutando a derechistas encarcelados en Durango y en Bilbao. Sumado además la consecución del estatuto de autonomía, estos hechos descartaban una posible negociación y el PNV definitivamente entraba de pleno en la contienda. (Propuestas, Sondeos e Intentos de Paz. Hombre de Paz en la Guerra. (Alberto Onaindia).

Soldados sublevados ascienden a las posiciones de altura, preparando "La Gran ofensiva" *de dia 25-09-1936).*

El ejército golpista comenzaría la ofensiva para tomar el alto de San Miguel, para ello formarían varias líneas de ataque que confluirían todas en el alto. Deben desalojar la carretera para hacer posible el acceso de los blindados y el transporte de artillería y municiones. Igualmente, el alto de Urkaregi, puerta de entrada a Bizkaia, se antoja un objetivo deseado, por lo cual las fuerzas rebeldes acumulaban cada vez más unidades en estas posiciones con el fin de tomar Eibar y Markina.

La estrategia era la descrita en las operaciones. Después de tantear el terreno durante los días anteriores, ataca- rían coordinadamente formando una bolsa que obligaba a los milicianos a retrasarse y ceder terreno.

Como era costumbre, en todos y en cada uno de los avances facciosos, eran los voluntarios navarros de Lacar y Lesaka los que atacaban en vanguardia, movidos por sus ideales en lo que ellos consideraban su propia cruzada, lo que el General Mola y posteriormente Franco supieron aprovechar.

La tarde del 24, los requetés comenzaban el avance sobre el alto de San Miguel siguiendo varias líneas diferentes de ataque, todas ellas confluyentes en el mimo lugar, se reagruparían en las faldas del "Monte Cónico". Eran las diez de la noche cuando los requetés de la 3ª de Lacar y la 2ª de Lesaka al mando de Ignacio Ureta, llegaban al caserío Bioin, entrando y registrando hasta el último recoveco esperando encontrar milicianos y gudaris allí refugiados. Días antes las baterías de la Columna Cayuela amagaron con bombardear el caserío, aunque desistirían de su idea gracias a los habitantes locales, asegurando que en el caserío habitaban numerosos niños.

El Blindado N.º 10 Modelo "Pamplona", se dirige al alto de Urkaregi.

Serían estas dos compañías las encargadas de realizar la envolvente. La 1ª Compañía de Lacar al mando del Capitán Mario Ormaechea, ascendían por las posiciones días antes tanteadas y obligadas a retrasarse en las cercanías del caserío Olazarra, progresando por caminos inferiores a la cima de Mendibeltzu y Ziardamendi. Aquellas posiciones habían sido días antes hostigadas por regulares del Sicilia 8 y una centuria falangista al mando del Capitán Cubas. Según cuentan los testigos de los caseríos de Ziardaberri, uno de los milicianos que se protegía en la borda cercana al caserío, un miliciano alto y corpulento herido en una pierna durante el tiroteo, era hecho prisionero y arrastrado al exterior de la borda y ejecutado en el lugar, dejando su cuerpo en una zanja cercana. (Ahaztuen Oroimena 1936, San Migelgo Hobiak). La 4ª Compañía, dirigida por el Capitán Alfredo Ferriz, ascendía por las lomas que ascienden paralelas el puerto de San Miguel, tomando el caserío Belarreta a las 22:30 de la noche. Este Capitán Ferriz acusado varias veces de cobardía por sus subordinados navarros, "Pero que manía tenía este señor de ser herido, y era el cobarde más grande que he conocido, al iniciar el avance le ocurrió que le pisó un mulo, no tenía absolutamente nada, y cuando Diez de Rivera supo que pidió evacuación, le mandó contento, pues era un estorbo, por su conducta de sobra conocida, se reincorporó a los dos días" (Archivo Lizarza y Lasala)

Milicianos y Guardias de Asalto trataban de frenar la entrada de los regulares del Batallón Sicilia 8 y falangistas por las laderas de Mendibeltzu, que se encontraban a la espera de las compañías requetés que realizaban la envolvente. Una envolvente, que se trazaba por un terreno días antes defendido por Mendigoizales y milicianos, terreno sobre el que transitaban gran cantidad de senderos que, partiendo de Altzola, ascendían hasta Altzolaburu y el caserío Bioin. Estos milicianos de la 3ª compañía de la CNT y Guardias de Asalto eran relevados ya de noche en esta posición por las compañías Zubiaur y Garaizabal del Arana Goiri al mando de Iñaki Arana, el relevo se producía en Urkaregi, para dirigirse ya de madrugada a la posición de Ziardamendi.

Mientras el Arana Goiri se aproximaba al hayedo de Ziardamendi, los requetés ya se encontraban en las proximidades del caserío Belarreta, a escasos 800 metros. Los requetés y regulares iban ganando terreno desde Mendibeltzu aprovechando el momento del relevo, entre milicianos y gudaris. Nada más llegar las compañías Kortabarria y Garaizabal del batallón Arana Goiri, comenzaba un intenso tiroteo, los gudaris cuerpo a tierra trataban de repeler el ataque, no existían ni trincheras ni defensas y solamente unos desniveles rebajados en el terreno servían de parapetos. Insuficientes ante la superioridad del ejercito golpista, el fuego de artillería era incesante, no dejaba de llover metralla y el fuego de fusil era interminable. Suponemos la ubicación de los gudaris durante el combate. Los combatientes de compañía Garaizabal más adelantada, se protegía del fuego enemigo en una pequeña depresión existente en la ladera Norte del hayedo, lugar donde se encuentran varias fosas una de ella ya exhumada en 2014, en la cual había cuatro individuos de los cuales se identificaron dos, (Eusebio Gaubeca y Sabin Atucha). Estos cuatro gudaris tenían heridas producidas por una acción violenta y alguno un tiro de gracia en la cabeza, por lo que suponemos fueron copados y ejecutados por el enemigo. Uno de los gudaris herido en un tobillo, se retira a resguardo en el caserío Ziardaberri con tan mala suerte que se encuentra con los requetés que se acercan a San Miguel por el camino inferior de la ladera sur de Ziardamendi, camino que ha seguido desde el caserío Olazarra la 1ª Compañía de Lacar, a los pocos minutos de ser hecho prisionero fue fusilado de un tiro en la cabeza. Suponemos que este gudari se encuentra enterrado en una de las fosas de Ziardamendi.

El enconado combate dura hasta el mediodía. Una vez perdida la posición de Ziardamendi, los gudaris del Arana se repliegan como pueden a la posición de Urkaregi, protegidos por el fuego de las alturas de Morkaiko. Ese mismo día, dicha posición fue duramente hostigada, hasta bien entrada la tarde del día 25.

"Nos bajamos del autobús, por lo visto ellos ya dominaban donde íbamos a estar nosotros, al llegar al llano nos empezaron a tirar, Al subir a monte nos recibieron ya a tiros, nadie nos dijo dónde estaba el enemigo, pero por donde te silban, sabes de dónde vienen, la que te da esa no la sientes. Llegamos allá, empezaron a tirarnos,

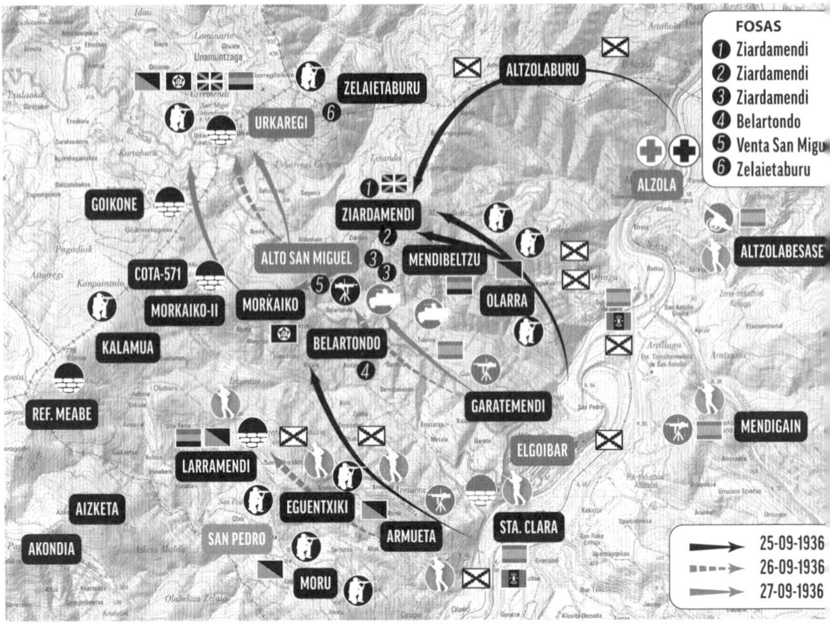

Gudaris se dirigen al hayedo de Ziardamendi donde relevaran a la 3ª compañia de CNT. Recreación. Gudaris se dirigen a sus posiciones de combate.(Fotografia Baleuko).

¡Todos al suelo!!, nos pusimos en el suelo, de cara a donde ve-
nían, y abajo estaba la carretera que iba de abajo a Elgoibar.

El primero que cayó fue Txintxurreta, estaba arriba, tam-
bién estaba Beraza, el de la dentadura de oro...recuerdo,
con Txintxurreta estábamos pegados, codo con codo y
me dijo;

—Josemari, vete un poco más allá, al de unos minutos o
segundos, no sé— le pegaron un tiro en la cabeza... al de
unos minutos o segundos me pegaron a mí un tiro, entró
por el hombro y salió por la espalda al lado de la columna
vertebral, y los que estaban atrás, Larrazábal, Elorriaga y
Arruti, dijeron después que yo había dicho cuando me pe-
garon la primera, ¡viva la virgen de Begoña y gora Euzkadi
askatuta! Y me incorporé, entonces me pegaron otro en el
muslo derecho, caí y los que estaban detrás, me dijeron:

—Josemari si puedes andar ven hacia atrás y baja!!...

Yo me levanté y bajé, pero bajando, había un lugar donde
dominaban ellos, la bajada nuestra al lado del caserío y me
di cuenta porque al bajar delante de mí una ametralladora
disparó, pegando en el suelo....de allí salí a la carretera y
a la derecha estaba una escuela en la barriada....había dos
chicos de la CNT y me sentaron en una mesa pequeña, me
curaron y de allí no sé cómo bajé a Markina... (José María
Otsoa de Txintxetru Gudari del batallón Arana Goiri)

"En el término municipal de Elgoibar, y desde una trinchera
desde la que el fuego enemigo impedía el avance de nues-
tras tropas. En su vista el comandante de las fuerzas, Señor
Marques de Someruelos, ordenó al Capitán señor Cubas a
las cuatro de la mañana del día 25, que tomara aquella po-
sición y habiendo rehusado a hacerlo dicho Capitán, ordenó
dicho jefe al oficial Trobo Valdés que fuera a conquistarla...
al frente de 60 o 65 hombres, se lanzó, al frente de la escasa
fuerza a las ocho de la mañana, contra la posición adversa-
ria, que tomó desalojando de ella a los rojos sobrevivientes y
consolidándola, cambiando la faz del combate. Pero al pie de
ella quedó también el oficial herido mortalmente de un bala-
zo en la cabeza." (Carta del padre de Trobo Valdés al General
Franco, reclamando la Cruz Laureada de San Fernando)

*Hayedo de Ziardamendi, lugar donde tuvo lugar
el combate entre Gudaris de Arana Goiri y los Sublevados.*

Desde el punto de vista militar o táctico era un movimiento previsible. Pudo tratarse de una ausencia importante en la organización y mando en esta parte del frente. Una escasa comunicación entre las compañías que se movían a lo largo y ancho del frente, siendo en su mayoría milicianos desconocedores del terreno. Esto unido a la superioridad del ejército golpista en todos los parámetros del combate, la resistencia de los gudaris del batallón Arana Goiri se convertiría en una misión imposible, que además terminó con la vida de 13 jóvenes bilbaínos y 50 heridos, todos ellos recién alistados. El hayedo de Ziardamendi se convirtió en una ratonera perfectamente planificada por los fascistas

Se había perdido el Alto de San Miguel. Las columnas requetés y falangistas se reunían en el alto, mientras se combatía en otras posiciones. Los milicianos y gudaris se atrincheraban en Morkaiko o "Monte Cónico", como lo denominaron los fascistas. Los camiones blindados llegaban al alto, se acomodaban en las casas y caseríos más cercanos a la venta y llevaban a cabo una ofensiva para tomar la posición de Urkaregi. Posición en la que en un primer momento milicianos, gudaris y Guardia de Asalto, retrocedían para horas después volver a reforzar dicha posición. Los requetés no perderían ni un instante, y prepararían el ataque que llevarían a cabo en Morkaiko, donde se situaban varias trincheras milicianas. En su cima una posición de ametralladora, protegida por un parapeto fabricado a base de piedras y sacos terreros, aprovechando lo empinado del ascenso los milicianos ocupan una posición que dominaba ampliamente el terreno. Debieron de tener especial cuidado en coordinar estas posiciones con las de Urkaregi para evitar encontrarse copados por el enemigo, la envolvente se repetía una y otra vez y en caso de perder la posición de Urkaregi, se verían sorprendidos por la espalda. Debieron de prestar mucha atención al avance de las tropas de cayuela por Arnoate. Después de aguantar varias envestidas de los sublevados, sería el día 26 al amanecer cuando en uno de esos enfrenamientos, moriría el capitán de la 3.ª Compañía de la CNT Guipúzcoa, Francisco Carrera Goicoechea, de 32 años, vecino de Tolosa, afiliado a la CNT y obrero del metal con dos hijos. Destacar que uno de sus dos hijos era José León Carrera Arregui, periodista, publicista y autor teatral. Tras la muerte de su padre junto a su madre y hermano huyen a Baiona para posteriormente exiliarse en Argentina.

Tercera compañía de la C.N.T (Gipuzkoa). Parte de las diez de la noche: Las posiciones de San Pedro Gaina y Morumendi, después de un intenso tiroteo en la que nos hicieron dos bajas, la una al cabo Narciso Areitoarra un balazo en el vientre con perforación en el estómago y del intestino con carácter gravísimo, quedó hospitalizado en Bilbao, y el otro miliciano Ricardo Ferruy un balazo sin salida en la pierna, con carácter menos grave quedo hospitalizado en Marquina. A las cuatro de la tarde hubimos de retirarnos a las faldas de kalamua, siendo recuperada la posición de San Miguel, por una fuerte columna. Es necesario que esta posición sea reforzada. NOTA: Debo advertir que tuvimos que recoger varios compañeros de las milicias de Barakaldo, los cuales carecían de mando y están a mis órdenes. Frente de Arrate 25/09/1936 El capitán de la tercera compañía Francisco Carrera.

Parte de la 3ª compañía de CNT Gipuzkoa

(Diario *Unidad* editado en Donostia, noviembre de 1936, Publicado por SAJABAN)

Este fue el último parte de guerra emitido por el capitán de la compañía anarquista. Parte que llegó a manos enemigas muy posiblemente en uno de los edificios situados en el límite de provincias, utilizado como lugar de intendencia o puesto de mando. Se refiere a la posición de Urkaregi como la posición de San Miguel.

Fotomontaje: Posición de Urkaregi, se aprecia que hoy en día se conserva parte de la valla de hormigón y el poste limitador de provincias.

Morkaiko; una posición que bien vale un Borbón

...Señor, no sé en qué lengua hablará ese fotógrafo, ¿Por qué, vuestra alteza no le pide que nos haga al grupo una fotografía?, puede ser la última que nos hagamos. No me equivocaba con respecto a Don Carlos, pues desde luego fue su última fotografía (Diálogo entre el Conde de Yebes antes de partir hacia el monte Morkaiko con Erich Andrés. Fotógrafo alemán)

Mandos militares sublevados en el exterior de la desaparecida venta "Gorbea", el príncipe Carlos de Borbón y Orleans (El segundo por la derecha) y a su izquierda el hijo del Conde de Romanones, Eduardo de Figueroa, Conde de Yebes (Foto Erich Andres).

Se aproximaban los días de duros combates y los requetés lo sabían. Se terminaron los días de jotas y canciones y parecía que el poder sacro de los "*detente bala*" y de los santos, ya no surtía efecto alguno.

Durante la madrugada de 26, la 1ª compañía de Lacar lanzaba un ataque directamente a la posición situada en la cima del "Monte Cónico". Posición protegida por un nido de ametralladora construido a base de piedras y sacos de arena. Un ataque que según los relatos requetés se llegó al cuerpo a cuerpo, relatando en su diario de operaciones un duro combate, que duraba hasta las nueve de la noche. Los sublevados se habían hecho con la posición, pero no es la única posición del "Cónico". A lo largo de 600 metros, entre la posición perdida y Urkaregi, encontraríamos varias posiciones situadas en las elevaciones del terreno. Los milicianos se retrasaban a la trinchera situada a 250 m, al final de la loma superior a la posición de la ametralladora

La 1ª Compañía de Lacar era la compañía más diezmada, se quedaba sin oficiales, bien habían muerto como el caso del alférez Erice Erro o heridos como su Capitán Ormaechea. Un total de 10 muertos y más de 40 heridos, lo que nos da una idea de la dimensión o condiciones del combate.

Dada la importancia de la posición se sumaron fuerzas sublevadas instaladas en Elgoibar. Entraba en combate la aristocracia española. El príncipe Carlos de Borbón y Orleans junto a otros mandos militares como el hijo del Conde de Romanones, Eduardo de Figueroa, Conde de Yebes, suben a Morkaiko para reforzar la posición situando varios cañones Schneider de 155 mm en las faldas del monte Cónico, en las cercanías del caserío Berdeskunde.

"En la madrugada de aquel día, subió al Monte Morcaicu o cónico, para ocuparlo, la sección de Erice. Seguidamente ascendimos nosotros, el resto de la compañía, rápidamente hacia la elevada cumbre, mientras oíamos el intenso tiroteo que allí se producía y que nos hacía presumir la dificultad de la ocupación. En efecto cuando llegamos nos encontramos con una escena terrible, parte de la sección permanecía haciendo cara al enemigo, agazapados sus componentes, como podían bajo la escasa protección de los pocos accidentes propicios del terreno, pero el resto, cuando había intentado avanzar hacia el enemigo fue abatido por sus disparos nutridos y certeros habiendo quedado esparcidos delante de nosotros en terreno totalmente

batido, sin que supiéramos si muertos o heridos. Varios de nosotros nos deslizamos hacia donde presumíamos que se encontraban, pero desgraciadamente poco pudimos movernos, pues en cuanto éramos vistos por el adversario, que se encontraba en posición dominante, éramos alcanzados por sus balas y nos vimos obligado a retirarnos..." (José María San Juan Alférez 1ª compañía Tercio de Lacar)

Cruz de Morkaiko, erigida en recuerdo de los combatientes navarros y Carlos de Borbón y Orleans, que por gracia de Dios y su patria encontraron aquí la muerte.

"*Arrancamos cada uno a lo que se nos había mandado; el Objetivo de Don Carlos era el "Cónico"... Y sale el alférez Borbón, que, por las pérdidas habidas en las acciones de guerra anteriores, sólo la constituían en aquel momento cuarenta hombres. Animoso como siempre y en unión de los requetés defienden valerosamente aquellos metros de terreno, tan codiciado de los rojos y tan necesario para nosotros, pues en su posición estribaba la seguridad de la columna. A la mañana del día siguiente, día 27 de septiembre, se recrudece el fuego enemigo sobre el monte cónico y en el momento en que el alférez Borbón animaba a sus soldados infundiéndoles serenidad y fortaleza, recibió un balazo en la frente, que le produjo la muerte instantánea.*

El casco que lucía el 27 de septiembre se conserva en la iglesia del Divino Salvador. Se puede ver perfectamente como está horadado por la bala" (Pablo Benjumea Hemeroteca ABC)

Herido de muerte sería trasladado al caserío Belarretaberri, situado en las faldas del monte Morkaiko donde moriría y posteriormente enterrado en Tolosa. Una vez terminado el juego, el rey y el peón vuelven a la misma caja.

Hoy día, todavía incomprensiblemente, podemos observar la cruz de 12 metros de alta erigida como homenaje al príncipe y a los fascistas y requetés caídos en la toma del monte cónico. Durante estos días estas posiciones serian reforzadas por milicianos bilbaínos socialistas venidos desde Arrate. Ocupaban la trinchera desde donde se dominaba el ascenso de los requetés, posición mortal para el Borbón. Ante el enérgico empuje requeté, los milicianos seguían retrasando sus posiciones cada vez más. Se vieron obligados a replegarse hacia Markina tras aguantar el enviste rebelde durante largas horas en la cota 571 (Morkaiko), una elevación del terreno que dominaba perfectamente el avance enemigo, muy próxima a la posición de Goikone, desde donde se había hostilizado fuertemente el paso de los fascistas por la carretera de Urkaregui durante los días anteriores. No existía más opción que la de abandonar las posiciones de Goikone, Urkaregi o Zelaietaburu.

Soldados sublevados trasladan un herido. (Fotografía Erich Andres).

Reorganización; las posiciones se desmoronan

Fueron numerosas las bajas tanto de milicianos como de gudaris durante estos combates, algunos capturados y fusilados por el enemigo y a excepción de los combatientes de la posición de San Pedro, la totalidad de los batallones y compañías se retiran el día 27. Los Milicianos anarquistas, ugetistas del Carlos Marx, Azaña Gipuzkoa, Barakaldo y Arana Goiri dirigidos por los Guardias de Asalto, se retiran. Se desmoronan las posiciones de Goikone, Urkaregi, Zelaietaburu y Morkaiko que hostilizaban el avance fascista. Ataques perpetrados por soldados regulares y falangistas a bordo de los camiones blindados por la carretera que finalmente obligaba a retroceder y replegarse hacia Markina a los milicianos.

"Cuarenta horas sin salir de los blindados, hemos venido protegiendo un avance y quedamos amparando una posición que sin nosotros habría que abandonar. Son las siete de la noche cuando hacemos el alto y caemos al lado mismo de la venta de San miguel, cuartel general de los rojos, de todas estas montañas y que han abandonado a la sola presencia del Capitán Ureta, con siete números pistola en mano. Eso si es un verdadero anarquismo, todo yace por el desorden, revuelto por los suelos, sacos de azúcar, de café, montones de pan, grandes ollas de comida que no tuvieron tiempo de engullir, cajas de munición procedentes de Méjico...hoy parece una cuadra de bestias, acribillada materialmente a balazos, su fachada por la furia roja podrá contemplarse más tarde el espacio indemne que ocupa nuestro blindado número 9. Ha cesado el tiroteo y podemos abandonar los blindados: el número 10, parece un blanco de ejercicio de tiro. Nuestra bandera roja y gualda flamea airosa, traspasada de balazos..."
(Diario *Unidad* 28/09/1936)

La tarde del día 26 ya había comenzado la envolvente de las tropas de Cayuela con la ascensión al caserío Sahatzu, donde expulsarían a los habitantes de su vivienda y pernoctarían. Columna numerosa compuesta por seis compañías de requetés y regulares, una caravana de mulas y carros que transportaban artillería, municiones y víveres para varios días. Según las crónicas requetés recibirían disparos de fusil desde la cima de Erribaso, situada al norte del caserío. Los milicianos ocupaban los altos. La mañana del día 27, avanzarían barriendo todas las cimas del cordal con la oposición de los milicianos del Carlos Marx y gudaris del Arana Goiri, que iban retrasando sus posiciones hasta verse copados y sin la seguridad de las posiciones de Urkaregi. Descenderían buscando protección de los caseríos en las cercanías de Markina-Etxeberria. Milicianos se repliegan por el barranco llegando al caserío Egurrola, donde después irían diariamente a recoger comida los camiones blindados. (Juan Kaltzakorta Soraluze. Ahaztuen Oroimena). Se refugian en el caserío Aizte y sitúan una posición en la cima de Eguzkitza. Las columnas requetés pasarían la noche en el monte bajo una intensa lluvia, alcanzarían al día siguiente, el 28, la posición de Urkaregi abandonada por los milicianos horas antes.

"Después de la toma de Altzola, monte arriba subimos al caserío Sarachu, donde hacemos noche. Tres aparatos rojos hacen acto de presencia, obsequiándonos con unas píldoras sin resultado alguno.

Al día siguiente, 27, desde el monte cercano llamado Otzartiaga, los rojos fuertemente atrincherados nos molestan continuamente, con fuego de ametralladora y fusilería. Nuestros jefes, Teniente Coronel Cayuela y comandante Molina, ordenan el ataque de dicho monte, siendo esta compañía de requetés que manda Carcer, la elegida para ir en primer lugar. Reunidos en el caserío Arnoate, límite de Guipúzcoa y Vizcaya... salimos en busca del enemigo... seguimos avanzando cautelosamente, pronto a dar vista al enemigo y al vernos avanzar a pecho descubierto, huyen cobardemente por las laderas opuestas...perseguidos muy de cerca por nosotros... Las sombras de la noche avanzan, al mismo tiempo que los rojos también lo hacen hacia Marquina, en veloces autos, no sin antes sean paqueados por nuestra avanzadilla... Al amanecer del día 28 en todo el barranco y monte cercano, no se ve un rojo, todos han huido y contemplamos con enorme alegría, como nuestra artillería corona el monte que domina Marquina... ¡Pronto serás española, Marquina! (Ángel de Ulibarri, Requeté de Cayuela, *El Pensamiento Navarro*)

Llegan a Urkaregi, una y otra vez es utilizada la famosa técnica envolvente desde san Miguel y Arnoate. Posiciones que transcurrían desde la cima de Kalamua hasta las estribaciones de Arno, ocupando los edificios enclavados en el límite de provincias, la antigua escuela de Urkaregi o casa de Miqueletes y de forales bizkaitarras, así como los caseríos de los alrededores, situando en el caserío Loperreka un puesto para realizar las primeras curas y atenciones a los heridos en las posiciones de Kalamua y el frente de Markina.

Tras la pérdida de la línea defensiva marcada por las posiciones extendidas desde Moru hasta Arnoate, no había más remedio que batirse en retirada hacia Markina. La táctica hasta ahora utilizada por las milicias, había sido la de intentar frenar el avance de los sublevados, convirtiéndose en un repliegue constante y sistemático.

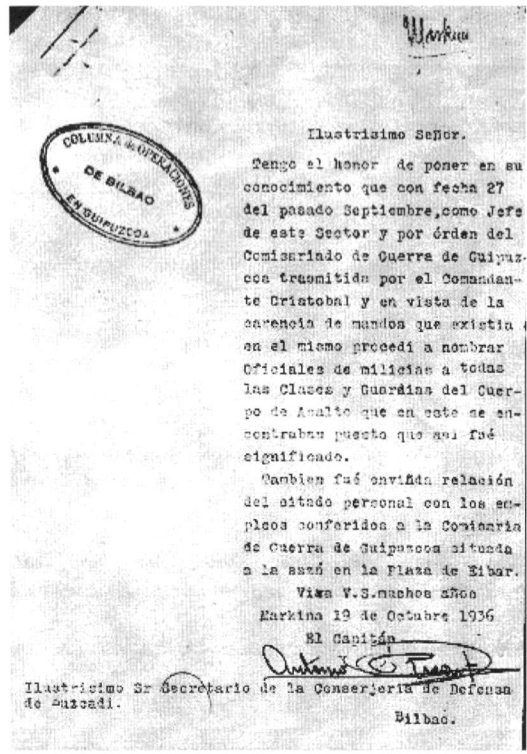

Ilustrísimo señor;

Tengo el honor de poner en su conocimiento, que con fecha 27 de septiembre, como jefe de este sector y por orden del Comisariado de Guerra de Guipozcoa transmitida por el Comandante Cristobal y en vista de la carencia de mandos que existía en el mismo, procedí a nombrar oficiales de milicias a todas las clases y Guardias de Asalto, que en este se encontraban puesto que así fue significado.

También fue enviada relación del citado personal con los empleos conferidos a la comisaria de Guerra de Guipúzcoa situada a la sazón en la plaza de Éibar.

Viva V.S. muchos años Markina
19 de octubre 1936 El Capitán
*Cristobal Errandonea

San Pedro;
puerta de entrada a Arrate

"Se tenía la impresión de que el Kalamua, San Pedro (otra cota importante próxima al Kalamua), y Arrate habían sido abandonados casi sin lucha, como consecuencia de la desmoralización imperante..." (Los batallones de Euskadi).

Restos de la trinchera de Larramendi, donde combatieron los milicianos de CNT y Azaña Gipuzkoa.

En la trinchera de Larramendi se combatía hasta el día 27, cuando los milicianos la dieron por perdida, se retirarían hacia las faldas de Kalamua intercambiando disparos en su repliegue, protegiéndose en los muros cercanos a los caserios Urkiola (posteriormente convertido en hospital de campaña) y Urkiola Txiki. Los requetés de la 2ª de Lacar y 1ª de Lesaka se situaban en la loma superior, protegidos por un muro de piedras desde el cual trataban de desalojar a los milicianos que se encontraban aún parapetados en la ermita. Tras una descarga incesante durante interminables horas, no existía otra posibilidad ni dirección para el repliegue. Obligatoriamente debían dirigirse en dirección a la cumbre de Kalamua. La posibilidad de volver a las posiciones de Urkaregi quedaba totalmente descartada por el fortísimo combate que allí se estaba dando y la pérdida de las posiciones parecía inminente, por lo que replegarse en aquella dirección se hubiera convertido en una trampa mortal.

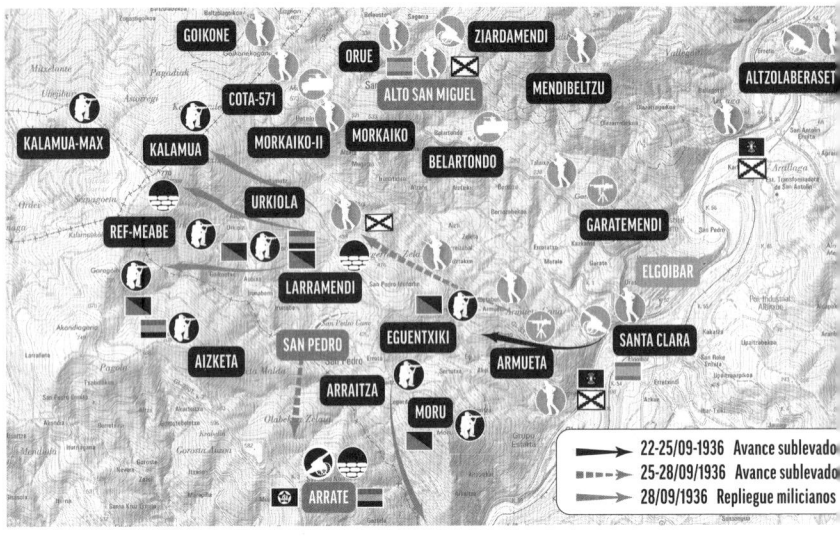

El grupo de milicianos parapetados en la ermita de San Pedro, tras recibir una descarga incesante durante interminables horas, no tenían otra posibilidad ni dirección para el repliegue, estaban copados, debían dirigirse al caserío Arraitza. Algunos anarquistas tolosarras que se habían quedado en la posición de Moru y los situados en la ermita retrocedieron al encuentro de sus compañeros. Intuyendo los requetés que los milicianos anarquistas se habían refugiado en el caserío Arane, la tarde del 28 de septiembre realizaban una incursión con la excusa de conseguir leche en el citado caserío, siendo localizados los milicianos en la posición de Moru, dándose un enconado intercambio de disparos con la posición fascista de Armueta donde se encuentra posicionada una ametralladora. Los milicianos no tuvieron más escapatoria que la vaguada que desciende a Maltzaga, para posteriormente dirigirse a Eibar, no sin antes incendiar el caserío Arraitza. Según los habitantes de la zona se dieron fuertes explosiones debido al material de guerra y el olor que desprendía el humo proveniente del caserío en llamas recordaba a cadáveres calcinados. Cierto que en estos combates murió un elevado numero de milicianos anarquistas y republicanos del Azaña. La información es inexacta y escasa, algunos escuetos informes de desapariciones y muertes en combate que confirman numerosas muertes en los combates en estas posiciones.

El Pensamiento Navarro
DIOS - PATRIA - REY

AÑO XL.—Número 18.088   Tel. 17-91.—Ap. de Correos n.º 8;   PAMPLONA, miércoles, 30 de septiembre de 1936.   OFICINAS: ESTAFETA, 38 (bajo)   FRANQUEO CONCERTADO

POR DIOS Y POR ESPAÑA

GUIPÚZCOA. San Sebastián 11 (n). Frente a Éibar

LA BRILLANTE TOMA DEL MONTE ARRATE" LA COBARDÍA DE LOS ROJOS,
LA ERMITA DE SAN PEDRO, DESTRUIDA. PLEGARIAS DE REPARACIÓN Y AGRAVIO.

Nuestras fatigas nos han costado, pero ya somos dueños de Arrate, que es un monte sobre Éibar, al que domina perfectamente. Situados sobre una altura, a la vista de Elgoibar, que se nos mostraba allá abajo muy pintoresco, con los muros de sus casas tañados por las azules aguas de un rio tranquilo, creíamos que iba a ser labor de algunos días, el escalar las alturas de Arrate, pero hete aquí, que después de 36 horas a la intemperie y bajo un agua torrencial , cuando el enemigo no tenía todavía motivos para continuar su "brillante" frusela por los campos guipuzcoanos, observamos que sí, que han puesto pies en polvorosa, y han corrido a esconder su miedo el diablo sabe dónde.

Esta visto que estos rojos, milicianos de oropel, son más esforzados que lo que nos parecía la verdad que han dado prueba de su cobardía en esta ocasión. Al abandonar las posiciones ventajosísimas que ocupaban, lo hicieron con un pánico tal que dejaron el campo lleno de municiones de boca y guerra y hasta armamento y enseres. Se conoce que, ante el brillantísimo movimiento envolvente de nuestras columnas, sólo pensaron los salvajes desalmados en salvar el pellejo, fuese como fuese. Y digo lo de salvajes desalmados, porque en la ermita de San Pedro, donde escribo, están las señales evidentes de que por aquí han pasado los mismísimos demonios. Ya antes de llegar vimos en el camino imágenes de santos acribillados a balazos. La entrada de la ermita que es hermosísima y espaciosa produce en el ánimo un efecto desconsolador. El suelo, exactamente como el de una cuadra, los altares todos destruidos, quemadas las imágenes, una hermosísima de la virgen inmaculada, decapitada y el sagrario abierto y vacío, mostraba las huellas de negras manos sacrílegas. En medio de este cuadro de horror, que dulces y emocionantes resonaron en el profanado templo las voces varoniles de estos guerreros de Cristo, que por iniciativa y dirigidos por el valiente Guardia Civil Sancho de Los Arcos, animoso compañero nuestro de fatigas reza sentidísimas plegarias de desagravio y reparación. Aquí he interrumpido este trabajito porque el valiente requeté Luis Ciriza de Artazu, iniciaba el rezo de la plegaria dulce por excelencia, del santísimo Rosario. Este primer Rosario en común, dicho por los requetés después de la profanación de la ermita, que grato habrá sido a la celestial señora. Seguro que nos protegerá y conseguirá el triunfo, porque si los otros al huir la ofenden, nosotros al llegar la festejamos.

FERMINICO

Bando sublevado en la posición de Armueta.

Esta mañana han tomado San Pedro (San Pedro es un monte de las cercanías). San Pedro y el Kalamua creo, y en San Pedro nos agarraron prisioneros a mí y a otros dos. A los otros los dos los fusilaron inmediatamente. En cuanto a mí, el capitán Ureta, cuando se enteró de que yo era navarro, dijo;

Este tiene que ser un buen muchacho, lo tomo como mi asistente y respondo por él. Es así como salvé la vida y ahora a la noche están dormidos, todos ahí arriba porque no tienen el menor miedo de que haya reacción ninguna en ustedes, y yo he salido diciendo:

—Voy en busca de un petate para el capitán. Y aprovechando eso, me he escapado y aquí me tienen". (La guerra en Euskadi, Luis María y Juan Carlos Jiménez de Aberasturi)

MAMERTO AZCONA VERGARA

Este miliciano, desapareció del frente de San Miguel (Elgoibar), el 27 de septiembre de 1936, considerándose forzosa su desaparición. Se le supone prisionero. CHMD P.S. Santander L 476.2

Esta es la descripción que aparece en la ficha de combatiente de las milicias de Izquierda Republicana, Azaña Gipuzkoa, se trata del miliciano Mamerto Azcona Vergara, afiliado a la CNT y originario del grupo" Justicia y Cultura". Suponemos que Mamerto Azcona es uno de los milicianos capturados por el Capitán de requetés Ureta, y con casi toda probabilidad el segundo compañero podría tratarse de Ángel Virumbrales Velasco, ambos militantes libertarios. Entendemos que los dos milicianos se encuentran enterrados en alguna fosa, trinchera o agujero de la zona. Y suponemos, solo suponemos que el miliciano tomado como ayudante y posteriormente escabullido en Arrate, podría tratarse de Carmelo Garde Yoldi, componente de las milicias de Azaña Gipuzkoa, dado por desaparecido en los combates de Arrate, puesto que reaparece en una reclamación de febrero de 1937, de su sueldo perteneciente al mes de Octubre de 1936.CHMD P.S. Santander L 476.

Los fascistas tenían el camino libre hasta Arrate desde este mismo día 28, llegarían a la cima de Kalamua y al refugio Tomas Meabe persiguiendo a los milicianos que se refugian en las laderas que descienden hacia Markina. Parajes donde seguidamente se situaría una trinchera defensiva que pasaría a denominarse, la posición A, desde la que se intercambian paqueos constantes con los requetés de Lacar, posicionados en la cima de Kalamua y en Diruzulo. Los milicianos eibarreses y bilbaínos que se encontraban durante estos últimos días en Arrate habían abandonado la posición muy posiblemente al ver el acercamiento inminente de los reque- tés, puesto que, desde su posición, una de las atalayas del frente, veían nítidamente los movimientos facciosos. Además, sufrirían durante días los bombardeos de la artillería situada en las Peñas de Muneta. Se replegarían en dirección a Aizketa, desde donde mantendrían un intercambio de disparos que les hizo retroceder hacia las laderas de Akondia sin posibilidad de refugiarse en dirección al refugio Tomás Meabe y kalamua, por estar ya tomado por las columnas requetés.

Akondia y Arrate

Había 72 metros y como defensa eran sacos terreros, y como llovía, las balas pasaban como anguilas y allí caía mucha gente" (Fidel Mediavilla. Sargento Batallón Rusia)

Martes 29 de septiembre, la 2ª compañía de Lacar sería la primera compañía en llegar y ocupar las posiciones de la cima de Kalamua (Posición 1) y el Refugio Tomas Meabe. Se le añadirían varias compañías, la 4ª y 3ª de Lacar y la 2ª de Lesaka, que ocupaban las laderas desde Kalamua hasta la cima de Akondia (Posición que después sería denominada como "Posición N.º 2, Acundiagaina).

El batallón N.º 1 de UGT (después el Fulgencio Mateos), se situaba unos cientos de metros más abajo que los requetés, habían hecho noche en un caserío cercano cuando se aproximaban a tomar la parte alta de Akondia. Cuando trataban de acercarse los requetés, ya se encontraban parapetados y comenzaron a disparar. Se unen milicianos del Azaña venidos de Durango, Guardias de Asalto y numerosos combatientes eibarreses del Amuategui que accedían por las empinadas laderas desde Usartza.

El batallón se situó en Markina-Etxeberria, donde se dividió en dos; tres compañías quedaron en la localidad, mientras la otra mitad tomó rumbo al término de Usartza, entre los montes, Akondia y Kalamua. Por cierto, ¡Joe, estábamos despistados! ¡Metidos dentro de un arbolado! Su rostro trasmite miedo, una expresión de no saber por dónde avanzaban; en completo silencio los inexpertos luchadores caminaban entre los árboles; el silbido de algunos proyectiles empezó a rasgar el pacífico ambiente; sin señales de vida humana; nerviosismo. Tensión. "Venían balas, ¡zis! ¡zas! Y joé, todos asustados: ¿De dónde vienen estos bichos? Y vemos un hombre con un burro, empezamos a tirar algunos.

¡Oye! ¡Jodé, que es un aldeano con un burro! Se fue donde él.

—Qué, ¿le ha pasado algo?

—No, no...

—¿Dónde está usted?

—Pues. En este caserío ¿y ahí no están ellos?

—No no aquí no hay nadie, estamos todavía nosotros.

Es cuando subimos al monte Akondia, casi al oscurecer, y no había nadie y bajamos, ¡Nada! el monte pelado. Y en caserío de este señor, en la cuadra, dormimos todos, ¡pero amontonados!

Trincheras de Kalamua. Foto: *Indalecio Ojanguren.*

Luego subimos al día siguiente, pero un poco más tarde que los requetés; *estos todavía seguían en la punta; y nos esperaban como unos angelitos. Llegamos, empiezan a tiros ¡pues a tumbarnos en el suelo!, Me cago en la puñeta... ¡Tumbados! Boca abajo todos. Por cierto, estaba como un cangrejo así; retrocedí unos tres pasos para atrás. En ese momento estaba tumbado, —¡qué suerte!— Una bala pegó delante de mí, en el morro, ¡Plas! Las piedras me golpearon. ¡Me metió el miedo! Fíjate, claro, novato... Y así todos. Nos replegamos ara atrás, luego a atacar para adelante, replegarnos de nuevo y a lo último, nos quedamos en el Akondia. El combate fue fuerte, duro; a estabilizarse; y ya se hizo una trinchera el mismo día. Quedó un frente ya muy cercano entre sí".* (Francisco Barreña Elizegui, Miliciano Batallón UGT 1. Maizales bajo la lluvia)

Ambos bandos con muchas bajas echaban cuerpo a tierra, los milicianos se encontraban a escasos 60 metros, intentaban alguna salida, pero tuvieron que desistir, unos y otros se parapetaron. Al atardecer, entre dos luces, el teniente de requetés Torres, trataba de hacer una trinchera pequeña con un pico y una pala, ordenaba a uno de los requetés, éste vacilaba y le advertía que es muy peligroso, contestando: ¡Yo, lo haré!, solamente había tres hombres que seguían disparando y al poco de empezar a picar el suelo, recibía un balazo en el pecho y moría en el acto. Se retiraba esta compañía, con más de 30 bajas y era relevada por la 1ª compañía del mismo tercio a los que los combatientes en retirada recomendaban no subir.

El enfrentamiento se convertía en un terrible forcejeo, que conducía al enclavamiento de las posiciones, escaseaban las municiones y comenzaban a cavar trincheras en ambos bandos. Eran numerosas las bajas milicianas, 20 milicianos muertos, entre los que se encontraban, Ricardo Retenaga, Paco López Brañas del Amuategui, Jesús Ayerbe de Azaña Gipuzkoa, varios milicianos del batallón UGT 1 (Fulgencio Mateos) y un sinfín de heridos. Las fuerzas sublevadas muy diezmadas, se retiran al Refugio Meabe, y al día siguiente se desplazarían a Arrate donde se reorganizarían y se crearía el "Tercio de San Fermín" reagrupando a las compañías de Lesaka, desapareciendo como tercio. Ésta sería la posición más cercana en todo el frente, distancia que permitía el dialogo entre trincheras, que se convertiría en una de las posiciones de las más mortales del frente durante los próximos siete meses. Usartza se convertía en el centro de reunión y lugar de acceso y suministro a las trincheras leales, enclave donde se situarían dos compañías de la Ertzaña de reciente creación.

En Éibar la junta de defensa preparaba el contrataque al Santuario de Arrate. Se pensaba inmediatamente en la recuperación de la posición y se cambiaba de estrategia, pasando de la estrategia defensiva a la estrategia de ataque. Llegaba una compañía de soldados regulares muy inexpertos de Cantabria para ayudar en la operación. Soldados que no habían combatido en ningún frente y la noche del día 30 se lanzaban al ataque ascendiendo a pie al atardecer desde Maltzaga.

Según cuenta el diario de operaciones del tercio de Lacar sería el médico Pablo Urra el primer requeté en llegar a Arrate la noche del 28, realizando una "descubierta", una incursión nocturna desde San Pedro al santuario. Abriendo la puerta propinando una fuerte patada, provocando un fuerte ruido y encontrándose en su interior únicamente un gato entre los enseres de cocina que los milicianos habían abandonado. La campa de Arrate, situada a unos seiscientos metros de altura, llamada también el pulmón de Eibar, poseía condiciones realmente estratégicas. Su cumbre la constituía una amplia y verde planicie rodeada de hayedos en uno de cuyos extremos se yergue la Iglesia, una casa mitad de labor mitad restaurante, y un pequeño edificio construido para colonia infantil. Su envidiable situación permitía al enemigo transformarla en una plaza fuerte desde la que se podría hostilizar duramente, de hecho, comenzaron a sentir sus efectos. Amén de servir como arsenal y probable punto de partida para la conquista de Eibar, condiciones que movieron al Estado Mayor a organizar un fuerte ataque en el que el objetivo decisivo seria la recuperación de Arrate.

"Se trataba de desalojar a los facciosos, de una importantísima posición, de estrenar contraataque además de fusiles nuevos. Ello explica que, reciente aún la muerte del hermano mayor, cuyo fusilamiento quedó por desgracia confirmado, observase inquieto a Demetrio, como ascendía la fuerte pendiente alegre y confiado a juzgar por las sonrisas que se cruzaba con los amigos que le acompañaban, hasta perderse en la semi penumbra, árboles y maleza, cortados por un estrecho camino.

A medianoche llegaba con claridad hasta nuestros puestos el ruido intenso de la fusilería, había comenzado el ataque con toda la violencia. En la primera arremetida, alcanzaron con relativa facilidad la primera loma que asomaba a Éibar y sobre la que se erguía la imponente cruz de piedra. Más era preciso continuar hasta la amplia meseta descendiendo suavemente por el hayedo que conducía directamente hasta el pie de la iglesia. Las añosas hayas, cuyos troncos median más de un metro de circunferencia, ofrecían una protección segura a los combatientes, más desgraciadamente, cada árbol se hallaba separado del inmediato, por una respetable distancia, lo que hacía extremadamente peligroso y lento el avance hacia el objetivo central. Una ametralla- dora colocada bajo el pórtico de la iglesia, comenzó a disparar furiosamente en dirección al pequeño bosque, a la vez que desde el caserío restaurante situado casi al costado del hayal respondían con intenso tiroteo. Era preciso continuar, la victoria, a pesar de todo, estaba al alcance de la mano. Mi hermano corrió hasta el árbol que tenía ante él, otros amigos le secundaron; salió veloz hasta el otro árbol, deteniéndose justo el tiempo justo para disparar, no olvidemos que tanto él como Víctor López y otros eibarreses tenían la misión de abrir brecha y guiar a la columna independientemente del grado de mando que poseyera cada uno de ellos. Su carrera quedo corta cuando intento alcanzar la siguiente protección. cayó fulminado, más la herida no parecía ser mortal, por cuanto que pasamos unos instantes de ansiedad, comenzó a retroceder arrastrándose con dificultad. López que ocupaba el árbol que mi hermano abandonó poco antes, entabló el siguiente dialogo.

—¿Estás muy herido Demetrio?

—¡No lo sé, me han dado en la ingle!

—Bien, no te canses

—¡Voy a por ti!

Y uniendo la acción a la palabra, salió corriendo hasta donde se hallaba tendido mi hermano. Permaneció quieto unos instantes, mientras introducía la cabeza bajo el estómago de mi hermano. Haciendo un esfuerzo sobrehumano, se puso en pie levantando a Demetrio sobre sus hombros. Sin tiempo de volverse para retroceder al punto de partida y ante los ojos espantados de los compañeros que les observaban a poca distancia, mientras continuaban disparando. López soltando su carga, llevó ambas manos a su vientre gritando ¡ay, madre!, al tiempo que se desploma, pesadamente arrastrando sobre él a mi hermano. El bulto formado por ambos cuerpos permanecía inmóvil en el

suelo, eran dos cadáveres. Fueron alcanzados por una rá-
faga de ametralladora que escupía su mensaje de muerte
desde el pórtico de la iglesia de Arrate. Mi hermano quedo
con la cabeza des- trozada, López con el vientre roto...Al pie
de la campa, quedó para siempre un bulto macabro, que el
enemigo se encargaría de dar tierra en la misma postura,
en que fueron hallados, en una fosa a pocos metros de la
cruz, pero que el tiempo y la naturaleza se encargaría de
borrar sus huellas. Un arrebato de pánico se apoderó de la
columna que ocupaba el bosque. Parecía como si una voz
secreta hubiese pronunciado la palabra fatídica de: ¡Sálve-
se quien pueda! Los milicianos comenzaron a retroceder
a toda prisa. Los milicianos se restañaban las heridas y
contusiones que se causaron la mayoría, durante la carrera
monte abajo. La batalla por Arrate se había perdido. (Ale-
jandro Lluvia, combatiente del batallón Amuategui, perdió
dos hermanos en el frente. Archivo histórico de Euzkadi)
En este combate perdieron la vida, tres milicianos eibarreses, varios milicianos del Azaña y tres soldados cántabros,
además de más de una docena de heridos.

Trincheras de Akondia. Foto: Indalecio Ojanguren.

Estabilización del frente

"Que bella es la guerra de movimiento y cuanto pesa la estabilización. Lo malo es que frecuentemente van unidas entre ambas fases y que los días de movimiento, de avances y conquistas, suceden pronto los de atrincheramiento, y la defensa de duras posiciones y el combate contra las inclemencias del tiempo" (Archivo Lizarza y Lasala)

Durante el mes de octubre el avance de las tropas fascistas se detenía, sus incursiones se centraban sobre todo en el intento de tomar la posición de Santa Cruz y las incursiones en la zona de Markina. Se habían establecido posiciones defensivas que controlaban el descenso del Puerto de San Miguel. Posiciones como Kalamua-Max, Eguskitza, Otsolo, Ayusti o la posición del Km 55, (inmediaciones de Legarregi) evitarían el avance fascista hacia Markina. Esta zona del sector se convertiría en lo que los requetés llamarían "*El frente de Marquina*", donde los fascistas instalarían las posiciones que denominaron A, B, C, (Posiciones situadas entre Goikone y el alto de Erribaso). Dos caseríos denominados "*La Dorotea*" (Oruntze) y "*La Josefa*" (¿Atzoin Zabale?). Posiciones de artillería en Orue donde situarían los cañones conocidos como "*Pitxis*" de 75mm, preparados para disparar granadas metralleras y granadas rompedoras o como cañón antiaéreo por su facilidad y rapidez en el manejo. Varios cañones de 155 mm en Belaustegi, Berdeskunde y Erribaso, desde donde se bombardeaban las posiciones milicianas y Markina. Bombardeos en los que se respetaban algunos caseríos. Debían de manejar un listado de caseríos a bombardear y a respetar. (Ahaztuen Oroimena).

Dispuestos a poner nombres de tradición carlista a todos los lugares y posiciones. Al tramo de carretera comprendido entre el alto de San Miguel y Urkaregi, lo bautizan como la "Avenida Zumalacárregui".

"El enemigo, que se ha congregado tras el caserío que hay en la loma más alta del Aista, se ha dado cuenta de la intención y es el primero en disparar... Entretanto, las tropas que ya han ganado buenas posiciones en su avance continúan

disparando sobre los focos rebeldes. No debe haber orden de destruir el caserío, que nos tiene locos toda la mañana, porque sobre él no se dirige el fuego de cañón. Por algo será. Nuestra misión es callar y hacernos cargo de las poderosas razones que tenga el mando para ello." (Diario Unidad octubre 1936).

Posición de Santa Cruz.

Las posiciones de Akondia y Kalamua serían ocupadas de inmediato. Compañías de milicianos y Gudaris como el Rosa Luxemburgo, San Andrés STV, Celta, Malatesta o numerosos batallones de UGT se instalarían en el balneario de Urberuaga. Estando todavía los batallones en formación, encontramos una compañía de la CNT comandada por Auspicio Ruiz durante el mes de octubre de 1936. La 2ª compañía del batallón Malatesta, destinada a la posición de Kalamua-Max, se localizaban cuatro posiciones comunicadas entre sí por caminos protegidos. Pos A, Pos B, Pos San Andrés, Pos Pinar, donde se situaban varios nidos de ametralladoras y refugios construidos para resguardo de la aviación y de la artillería.

Otras dos compañías anarquistas se encontraban en la posición 2 de Akondia durante el mes de octubre. La 1ª y 3ª Compañía del Batallón Bakunin al mando de Julio Martínez Sánchez

"Lenin", y Gonzalo Arce Barahona. Debido a una indisciplina y no presentarse, 23 milicianos de la 1ª compañía serian expulsados a petición de su jefe de grupo. (FAL.Informe de los frentes Usartza, Markina. Milicias antifascistas de la CNT La Casilla)

La jornada del 2 de octubre, se produjo un incesante tiroteo de fusilería y de artillería sobre la posición de Santa Cruz. Posición defendida por 60 milicianos tolosarras de la compañía "Carlos Marx", comandada por Francisco García Lavid, activo militante socialista y cronista en el periódico Lucha de Clases como "Henry Lacroix" (Manuel Fernandez-Grandizo y Martinez G. Munis 1912-1989 Eulogio Fernández y Agustín Guillamón). Situados en el edificio de la escuela y en la línea de sacos terreros que unen esta posición con la ermita de Santa Cruz, se defendían de las balas y de los disparos de mortero que provenían de la posición de Aizketa e inmediaciones de Arrate. Quedando copados y habiendo agotado las municiones ante la imposibilidad de recibir refuerzos, se retrasaban, para horas después recuperar la posición. Resultaría un día sangriento, perderían la vida 10 combatientes y un gran número de heridos. Posición de vital importancia, puesto que dominaba un tramo importante de la subida de la carretera de Arrate y situada frente a varias posiciones estratégicas en las cercanías del Santuario.

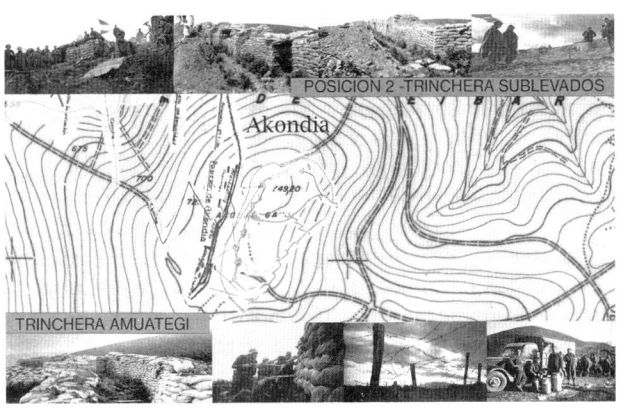

La cercanía entre las posiciones de ambos bandos hacían confusos y peligrosos los desplazamientos dentro del frente durante las primeras semanas, y facilitaba la posibilidad de cambiarse de bando.

Luis Tanco Pérez pagador del tercio de Lacar, desorientado entre las posiciones del frente, oyó voces que lo llamaban y fue a caer en las trincheras enemigas supuestamente ocupadas por los gudaris del Batallón STV, cayendo prisionero. Fué bajado al pueblo, siendo jaleado y ejecutado en la plaza de toros dos días después.

Resultaba igualmente peligroso e imprudente el uso de la aviación en los bombardeos, la jornada del día 8 los sublevados intentaron coordinar una operación de bombardeo aéreo, empleando la táctica consistente, en que los soldados deberían de alzar unas placas metálicas indicadoras de su posición para evitar ser bombardeadas por los aviones amigos, haciendo posible, la ubicación del enemigo. La falta de coordinación haría que la táctica fallase y el error se pague caro, un alto precio en forma de víctimas propias.

Las trincheras más cercanas y las más sangrientas serían las situadas en la denominada "Posición 2", Akondiagaina, trincheras muy cercanas entre sí, separadas por una distancia de 70 metros, una línea de trinchera que recorre la ladera oeste de la montaña de lado a lado, fosos de cuatro metros de ancho y dos de profundidad, nidos de ametralladora, alambradas y sacos terreros, túneles y cavidades utilizadas como refugios para protegerse de los bombardeos enemigos y como polvorines. Posición muy peligrosa. A los pocos días se dieron cuenta que las troneras de las ametralladoras dejaban pasar el halo de luz cuando estaba desocupada, y se veía opaca cuando el miliciano o requeté la ocupaba, con lo que el tiro era sencillo. De esta manera fallecieron multitud de combatientes de disparos en la cabeza hasta que se inventaron las tapas de acero para las troneras. Cercanía en las trincheras que también proporcionaban acercamientos entre combatientes de ambos bandos, intercambios de prensa, de tabaco, de alimentos y conversaciones en días señalados como los días de nochebuena y navidad. Se pasaba de un día a otro, de conversaciones y de intercambio, a ser uno de los días más sangrientos y de los más duros combates de este frente.

"Empezamos, no sé si nosotros o ellos los primeros;

¡Requetés! Eran de muerte los tiros, pero para ir donde ellos tenías que pasar un barranco. Y no pasábamos.

¡A no tirar eh!, ¡A no tirar! ¡Vale!, o ellos nos decían, ¡Gudaris!, ¡A no tirar!, ¡Vale! ¡Palabra eh" ¡Palabra! Oye se confiaba en la palabra. Nosotros en la posición nuestra y ellos en la suya con el cuerpo entero fuera de la trinchera, en grupos"

(Francisco Barreña Elizegui, Miliciano Batallón UGT 1. Maizales bajo la lluvia)

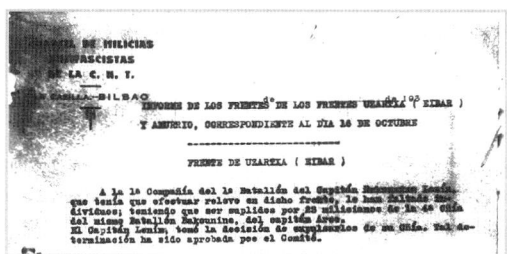

FRENTE DE UZARTXA (EIBAR)

A la 1ª Compañía del 1º Batallón del Capitán Lenin, que tenía que efectuar relevo en dicho frente, le han faltado individuos; teniendo que ser suplidos por 23 milicianos de la 4ª Compañía del mismo Batallón Bakounine (Bakunin), del Capitán Arce. El Capitán Lenin, tomó la decisión de expulsarlos de su Cñía. Tal determinación ha sido aprobada por el comité. 14 de octubre de 1936

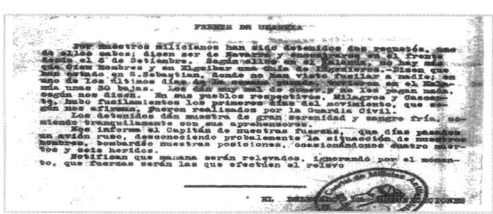

Por nuestros milicianos han sido detenidos dos requetés, uno de ellos cabo; dicen ser de Navarra y encontrándose en el frente desde el 5 de septiembre. Según ellos en el Kalamua no hay más de cien hombres y en Elgoibar una Compañía de Ingenieros. Dicen que han estado en S. Sebastián, donde no han visto fusilar a nadie; en uno de los últimos días de la semana pasada, tuvieron en el Kalamua unas 30 bajas. les dan muy mal de comer y no les pagan nada. En sus pueblos respectivos, Milagros y Cascante, hubo fusilamientos los primeros días del movimiento, que según nos afirman, fueron realizados por la Guardia Civil.

Los detenidos dan muestra de gran serenidad y sangre fría, comiendo tranquilamente, con sus aprehensores. Nos informa el Capitán de nuestras fuerzas, que días pasados un avión ruso, desconociendo probablemente la situación de nuestros hombres bombardeó nuestras posiciones, ocasionándonos cuatro muertos y seis heridos. Notifican que mañana serán relevados, ignorando por el momento, que fuerzas serán las que efectúen el relevo. 16 de octubre de 1936.

Partes de guerra redactados y firmados por el delegado de comunicaciones de las milicias libertarias de la CNT, Amador Lucarini Macazaga (LUKA-ZAGA). (FAL- Fundación Anselmo Lorenzo. Archivo Ámsterdam)

Tras los acontecimientos descritos en el parte del día 14 de octubre con los 23 milicianos del Batallón Bakunin en la posición de Usartza, se redacta un documento interno en el que se reclama disciplina y responsabilidad a los milicianos sin perder su condición de hombres libres.

Imponer una disciplina y la instalación de una autoridad fue una de las grandes contradicciones ideológicas a las que se tuvieron que enfrentar los milicianos libertarios. No sólo a nivel interno, sino que también a nivel político, tras la nueva formación del Ejército Vasco y la disciplina militar.

DISCIPLINA

Esta palabra ha sido quizá la más odiada por los anarquistas, se la combatía porque en sí encierra la imposición y el automatismo, y los que amando el ideal ácrata considerábamos necesaria la organización, la responsabilidad y la coordinación, la suplantamos por la autodisciplina, es decir, que estimábamos que, así como nosotros sin imposición de nadie estábamos dispuestos a cumplir con nuestros compromisos, creíamos a los demás en la misma disposición.

Pero la guerra, con su crudeza, nos ha enseñado con argumentos lo que nadie nos hubiera hecho comprender y conste que yo he sido de los que han sostenido la tesis de que en la Guerra se imponía la disciplina militar.

Digo que nos ha enseñado, y no debiera emplear estos términos, puesto que, entre nosotros, los enemigos de la disciplina, no ha habido ni una sola deserción, es decir, que sin la necesidad de la imposición todos los libertarios han cumplido, y continúan cumpliendo con su deber.

Ahora bien, la Guerra continua, y tiene tales caracteres, que para salir victoriosos, se precisa la colaboración de todos sean o no idealistas y se dá el caso, de que a veces en las Compañías confederales, en nombre de un fingido ideal anarquista, algunos que del anarquismo no tienen más que pequeñas nociones, protestan y se niegan a acatar las órdenes de los que libremente nombraron para actuar al frente de éstas, por considerarlos capacitados y aptos para el desempeño de estos puestos.

Se da también el caso, de que los que siempre se han ufanado por mantener enhiesta la bandera de la acracia, son estos momentos los que, en oposición a estos sedicentes anarquistas, consideran imprescindible la disciplina militar con todas sus imposiciones.

No es ésta una determinación caprichosa, es el momento presente, el que impone la línea de conducta a seguir. Si el enemigo se hace fuerte y en algunos sectores ganó terreno, se debe principalmente a la férrea disciplina en que tienen sometida a sus tropas.

Si todos los milicianos de los batallones de la CNT fueran verdaderamente anarquistas, no sería necesaria la imposición de los deberes libremente contraídos, pero como desgraciadamente no es así, se impone que la disciplina ocupe un lugar prominente.

Yo, que he visto llorar a hombres enteros, anarquistas, porque teniendo mandos militares, se han visto precisados a imponer por la fuerza el cumplimiento del deber, pido a todos los que encuadrados están en las Milicias antifascistas de la CNT, que conscientes de la responsabilidad que han contraído y del peligro que sobre los pueblos se cierne, no discutan en ningún momento las órdenes de los que, con más conocimientos guerreros que ellos, se encuentran al frente de dichas fuerzas.

Para un anarquista es doloroso, tener que imponerse a nada ni a nadie, pero antes que dejar paso franco al fascismo, los anarquistas están decididos a que todos los hombres aptos para la Guerra cumplan con su deber y para ello están dispuestos a emplear la máxima energía, por muy doloroso que sea, aunque para ello tengan que extorsionar su espíritu de hombres libres.

BILBAO octubre del 36 LUKA-ZAGA.
(FAL- Fundación Anselmo Lorenzo. Archivo Amsterdam).

COMBATE DÍA 26-12-1936

A los dos días de la reunión navideña entre el Tercio de Lacar y los milicianos, amanecía el día 26 de diciembre, festividad de San Esteban, con un desayuno en forma de bombardeo de artillería a las 7:45 de la mañana. El objetivo de los fascistas es tomar la posición A. La ocupan milicianos de los batallones San Andrés y Batallón Celta, desde donde se controlaba muy bien las posiciones rebeldes, 2 y 3. El Batallón Rosa Luxemburgo "Arrosa" se encuentra como relevo o refuerzo en Urberuaga. El ataque parte de las posiciones 1 de kalamua y la posición de Diruzulo con la participación de las compañías 1ª, 2ª y 3ª de Lacar, la 1ª de Lesaka, y un refuerzo de la falange de 20 hombres al mando de Pablo Montoya. Después de un cuarto de hora, reanudan el fuego de artillería sobre la posición B (posición de avanzadilla leal), con una aproximación para intentar fijar al enemigo mediante estrategias para que creyeran estar envueltos y poder adelantar las demás fuerzas por el flanco derecho hacia la posición A. Durante la noche los requetés han montado una trinchera a escasos 40 metros de la posición adelantada a la del San Andrés.

"Su gran error fue, comenzar con la artillería, nos hubieran atrapado desprevenidos, sólo los centinelas estaban atentos. En cuanto nos dimos cuenta de que habían montado una trinchera, preparo a mis hombres, el Batallón Celta estaba a nuestra izquierda y a nuestra derecha teníamos el barranco. El batallón Celta comienza a replegarse y su comandante era un tal Lampón, que envía una notificación al puesto de mando donde contemplaba retirarse, y segui-

damente nos dan a nosotros la orden de retirarnos, y sin hacer caso a las órdenes, convencemos a los del Celta para que se queden, nosotros solos no podíamos. Al comenzar a desplazarnos hacia la izquierda, envían a la aviación, volaban muy bajo, tocando las copas de los pinos `para asegurar bombardear el objetivo. Yo mismo saco los trípodes y colocamos las ametralladoras, comenzamos a disparar, yo un chaval de Añorga, junto con otros dos o tres compañeros. Los del Celta quieren volver a replegarse y les comento que hemos pedido refuerzos y que llegaran pronto, y cuando vieron que éramos capaces de resistir y de repeler al enemigo, se espolean y se unen a nosotros, cuando llega Cristóbal Errandonea con el Rosa Luxemburgo, y así conseguimos mantener la posición. Tuvimos muchos muertos y heridos, los del Celta más que nosotros, se recogieron los muertos, alguno los enterramos allí mismo y otros los bajamos al cementerio de Markina. Los que tenían documentación o placa o algo se lo entregamos al capellán del batallón. Recuerdo el 26 de diciembre, los requetés tenían botellas de anís y tabaco que habían recibido para pasar las navidades. Todavía recuerdo al capitán de los requetés gritando y arengando con gritos como ¡viva España! y ese tipo de gritos." (Kepa Ordoki Vázquez. Capitán Batallón San Andrés STV. Archivo histórico de Euskadi. Fondo Blasco Olaetxa C07/11).

Como en muchísimos otros enfrentamientos, morirían dos hermanos, el mismo día y en el mismo lugar. Manuel Aguete Lino combatiente de la 4ª compañía del batallón Celta, moría en el combate. Cuando el Batallón Rosa Luxemburgo acude en su ayuda, su hermano, Antonio Aguete Lino, combatiente del "Arrosa" se enteraba de que su hermano había caído y encolerizado, fusil en mano, salta del parapeto buscando su venganza, resultaba muerto de un disparo. Junto a estos dos hermanos, entre otros también falleció Eliseo Couto Barreiro, marinero gallego afincado en pasajes de la 1ª compañía del batallón Celta

El bando fascista, a pesar de contar con los refuerzos que se encaminaban desde Urkaregi y la aviación rebelde, dado el enorme número de bajas a las dos y media de la tarde, se da la orden de retirada. Esta empieza tres horas después y termina bien entrada la noche después de realizar varias salidas a buscar heridos y trasladar tres cadáveres que quedaron muy cerca de las trincheras enemigas. Según las crónicas requetés, "Los rojos no tiraban cuando recogíamos los muertos" (Archivo Lizarza y Lasala).

> *15 muertos, 50 heridos y numerosos daños y pérdidas de armamento dejasen notablemente diezmados los tercios navarros. Según el informe descrito por el mando; "Se oponían a cuatro compañías nuestras con 8 ametralladoras, tres batallones marxistas con unas 80 ametralladoras, según se ha podido averiguar por confidencias hechas por los últimos evadidos de Eibar"*

(AGMV. Parte de Operaciones del día 26 de diciembre, Agrupación Diez de Rivera L13/C24/A32)

Posición A de Kalamua, trinchera de combate para el batallón Celta.

Las posiciones se habían fijado hacía días tras intentar sin demasiado éxito empujar la línea defensiva. Sumada la llegada del invierno y la reorganización y rearme de los batallones leales, el frente permanece estático a pesar de incursiones e intentos de avance por ambos bandos. Estas posiciones leales estarían dominadas por la posición más dominante de todo el frente, imponente atalaya sobre Éibar, la cima de Urko. En su cima se situarían dos nidos de ametralladora y un puesto de vigilancia en la ante cima. Posiciones que marcarían una línea en el mapa que se extendía desde los caserios Gastandola, Olakorta, monte Illordo, pasando por Maltzaga, cruce de Arrate, Santa Cruz, Usartza, Ermita de San Román, Cima de Urko, Po- siciones de Kalamua-Max, caserío Lejardi, Posiciones de Ayusti y Otsolo, hasta Zulueta y Akarregi. Se intentaba en la mayoría de las posiciones defensivas sustituir las trincheras de sacos terreros por trin- cheras enterradas estando así más protegidas de la aviación y siendo más consistentes durante los ataques de artillería enemiga.

El ejército faccioso iba ganando terreno a base de sus incesantes descargas de artillería hasta formar una línea con sus posiciones enfrentada a la línea defensiva leal antes descrita. Desde Arrate, Kalamua, Akondia, Aizketa, por San Pedro y San Miguel hasta Elgoibar y por Urkaregi hasta los caseríos Loperreka (equipado para las primeras curas de heridos). Amulategi (Puesto de Socorro), Usozabal (Caserío de la Luz), Arnorixa (Caserío del Obispo), Amellogarai hasta el caserío Mandiola (Puesto de mando), en las estribaciones del monte Onuntzozabal. Uno de los días de intenso tiroteo y morterazos, según cuentan en los diarios de historias y milagros requetés, a las tres de la tarde, estando refugiados un numeroso grupo en uno de "Los Mandiolos", uno de los morteros entró por el tejado, abriendo un gran boquete llegando hasta el piso de abajo destrozando un armario sin llegar a explotar. En su caída el proyectil desgranaría totalmente un rosario, impresionando a los allí presentes, atribuyendo aquello a una intervención divina de la santísima virgen. (Diario de Operaciones Columna Cayuela, Lizarza y Navarra).

Estas posiciones adelantadas serían días después las protagonistas en el intento de avance y de entrada en Markina por los facciosos. Requetés y falangistas se lanzan al ataque de las posiciones defendidas por los nacionalis tas de los batallones Boga Boga y ANV, además de los socialistas tolosarras y bilbaínos del Batallón Rusia con su compañía "Carlos Marx". El UGT 4, también denominado Carlos Marx, al mando el Capitán Abel Negrete y el UGT 1 que, a partir de este fatídico combate, pasaría a llamarse, Batallón Fulgencio Mateos. (Vargas Alonso las bases sociales del frente popular en Euskadi y la defensa de la republica 2015).

Al amanecer del día 21 de octubre los rebeldes se lanzarían a tomar la posición de Akarregi que les proporcione el acceso a Bizkaia. Se situarían en la cima de Onuntzozabal. Los socialistas bilbaínos parapetados detrás del muro del caserío Egixarre durante largas horas. Un enfrentamiento que no cesaría hasta las cuatro de la tarde, consiguiendo repeler el ataque a cambio de un alto número de heridos y víctimas, entre las que se encontraba el concejal bilbaíno Fulgencio Mateos, que moriría cuatro días después a causa de las heridas. Entre las víctimas rebeldes, el comandante de requetés Molina, muerto por la explosión de un obús en el caserío Mandiola Goikoa que le arrancó una pierna. En esta ocasión no hubo milagro, moriría días después. Muerte que predijo una de sus tantas víctimas durante su fusilamiento junto al caserío Amulategi 24 horas antes, el cura de Larruskain José Sagarna. (Ahaztuen Oroimena. Markinaldeko Frentea).

Sería a raíz de los intentos de romper la línea defensiva por parte de los facciosos, cuando el ejército de Euskadi plantea y comienza la construcción de una segunda línea fortificada de defensa consistente en una serie de construcciones de hormigón, en un trazado desde Ituiñomendi hasta Urko. Uniendo el sector de Lekeitio con los sectores de Markina y Eibar. Una especie de "Cinturón de Hierro". Se proyectarían nidos de ametralladora y kilómetros de alambradas dobles. Se acabarían construyendo 19 posiciones fortificadas perfectamente visibles como los de Zapola o Igotz. (Ahaztuen Oroimena. Markinaldeko Frentea).

Durante los meses que permanece estático el frente se llevarían a cabo escaramuzas e intentos de tomar posiciones enemigas como las diferentes incursiones nocturnas de los milicianos del Batallón Amuategui. Conseguirían inutilizar una ametralladora en la posición del cruce de Arrate y tomar prisionero al requeté que la manejaba, o la recuperación de la posición de Garagoitxi o la posición N.º 3. Ataque sé que se llevó a cabo de madrugada a base de granadas de mano hasta llegar al cuerpo a cuerpo. Finalmente, el frente se derrumbaría en junio de 1937 al fracturarse la línea defensiva en el sector Elorrio-Elgueta.

Que la tierra te sea leve

Milicianos y gudaris muertos en el frente de San Miguel Arrate-Markina del 21-09-1936 al 21-10-1936

NOMBRE	1ER APELLIDO	2° APELLIDO	PROCEDENCIA
Juan	Aguirre	Bilbao	Mungia
Alfredo	Albizu	López	Sestao
Félix	Aldereguia	Lafuente	Iruña
Emilio	Alonso	De Las Heras	Gallarta
Desiderio	Alonso	Arnaiz	Bermeo
Félix	Álvarez	Suso	Hernani
Juan	Ambrosio	Sánchez	Erandio
Gabriel	Apaolaza	Porras	Abanto
Ezequiel	Arabiatorre	Olalde	Elorrio
Félix	Arbulu	Bilbao	Santurtzi
Víctor	Arranz	Ortega	Ortuella
Cristóbal	Asin	Fernández	Leioa
Sabin	Atucha	Olabarria	Getxo
Jesús	Ayerbe	Castillo	Tolosa
Félix	Ayestaran	Tolosa	Tolosa
Mamerto	Azcona	Vergara	Tolosa
Francisco	Azurmendi	Bedaola	Tolosa
Jesús	Barcala	Portuondo	Erandio

MUERTO EN	FECHA	AFILIACIÓN/BATALLÓN
Elgoibar	25/09/1936	Arana Goiri 2ª sec Garaizabal
Eibar	08/10/1936	Milicias UGT
Eibar	06/10/1936	Batallón Larrañaga
Elgoibar	21/09/1936	MEABE 2 STALIN
Markina	28/09/1936	MEABE 7 octubre
Arrate	01/10/1936	Larrañaga
Arrate	29/09/1936	
Eibar	29/09/1936	UGT 2 Indalecio Prieto
Eibar	08/10/1936	UGT 1 Fulgencio Mateos
Elgoibar	25/09/1936	Arana Goiri 3ª sec Garaizabal
Akondia	13/10/1936	
Arrate	29/09/1936	
Elgoibar	25/09/1936	Arana Goiri 1ª sec Garaizabal
Eibar	29/09/1936	Azaña Guipuzcoa
Markina	27/09/1936	Azaña Guipuzcoa/Pablo Sanz IR
Elgoibar	27/09/1936	Justicia CNT/Azaña Guipuzcoa IR
San Miguel	27/09/1936	Azaña Guipuzcoa/Pablo Sanz IR
Akondia	29/09/1936	

NOMBRE	1ER APELLIDO	2º APELLIDO	PROCEDENCIA
Maximiliano	Bartolomé	Saldaña	Barakaldo
Teodoro	Basauri	Yarza	Eibar
Tomas	Berain	Ugalde	Hernani
Paulino	Beraza	Madariaga	Bilbao
Cipriano	Bollain	Escudero	Eibar
José	Calabia	Ruiz	Barakaldo
Fortunato	Campos	Olabe	Villanueva
Crescencio	Caracciolo	Iribertegui	Villanueva
Luis	Carballeda	Cerio	Donostia
Francisco	Carrera	Goicoechea	Tolosa
José	Chinchurreta	Zamakona	Bilbao
Pascual	Churruca	Amesti	Eibar
Eulogio	Cuenca	Redondo	Hendía
Pedro	Del Cura	González	Barakaldo
Julián	Díaz	López	Santander
Ángel	Dueñas		
Ambrosio	Echevarría	Uriarte	Bilbao
Felipe	Elorriaga	Larrea	Begoña
Antonio	Feito	Aizpurúa	Donostia
Manuel	Fernández	Aja	Barakaldo
Marcelino	Fernández	Martínez	Bilbao
Juan Manuel	Fernández	Baranda	Portugalete

MUERTO EN	FECHA	AFILIACIÓN/BATALLÓN
Kalamua	28/09/1936	UGT 1 Fulgencio Mateos
Markina	21/10/1936	Milicias Populares
Kalamua	08/10/1936	MEABE 5 Dragones
Elgoibar	25/09/1936	Arana Goiri Compañía Zubiaur
Eibar	21/09/1936	MEABE 3 Amuategi
Eibar	02/10/1936	Batallón Barakaldo
Eibar	08/10/1936	MEABE 3 Amuategi
Eibar	08/10/1936	Dragones
Karakate	24/09/1936	MEABE 6 Rusia
Eibar	26/09/1936	3ª Compañía CNT Gipuzkoa
Elgoibar	25/09/1936	Arana Goiri Compañía Zubiaur
Usartza	13/10/1936	Milicias Populares
Kalamua	29/09/1936	Milicias Populares
Akondia	02/10/1936	UGT 8 Jean Jaures
Eibar	29/09/1936	
Eibar	02/10/1936	MEABE 6 Rusia
Elgoibar	25/09/1936	Arana Goiri Compañía Zubiaur
Elgoibar	25/09/1936	Arana Goiri Compañía Zubiaur
Usartza	12/10/1936	
Markina	24/09/1936	Batallón Barakaldo
Usartza	08/10/1936	Milicias Populares
Eibar	08/10/1936	Milicias Populares

NOMBRE	1ER APELLIDO	2º APELLIDO	PROCEDENCIA
Miguel	Fernández	García	Abanto
Antonio	Gangoitia	Pérez	Portugalete
Ignacio	García	Sagarribay	Altsasu
Francisco	García	Díaz	Donostia
Rafael	García	Moro	
Ángel	García	López	Ortuella
Domitilo	García	Aparicio	Barakaldo
Lucio	García	De La Fuente	Sodupe
Demetrio	García	Artaller	Donostia
Ignacio	García	Irigoyen	Altsasu
Santiago	Garín	Ugarte	Donostia
Eusebio	Gaubeka	Gibelondo	Leioa
Galo	González	Sánchez	Bermeo
Santiago	González	López	Abanto
Francisco	González	Alvarado	Gasteiz
Jose Luis	Gutierrez	Lorenzo	Barakaldo
Lucas	Gutiérrez		Eibar
Mateo	Gutiérrez	Guemes	Barakaldo
Federico	Heredia		Eibar
José	Hernández	Crespo	Barakaldo
Feliciano	Izquierdo	Sáez	Donostia
Agustín	Ladrero	Lechosa	Bilbao

MUERTO EN	FECHA	AFILIACIÓN/BATALLÓN
Eibar	10/10/1936	Milicias PCE
Usartza	09/10/1936	Milicias Populares
Usartza/Arrate	01/09/1936	Milicias Populares
Eibar	22/09/1936	Agente de vigilancia
Eibar	02/10/1936	
Eibar	02/10/1936	MEABE 6 Rusia
Markina	08/10/1936	UGT 3 González Peña
Eibar	09/10/1936	MEABE 1 Largo Caballero
Eibar	15/10/1936	MEABE 6 Rusia
Eibar	21/10/1936	Milicias Populares
Markina	21/10/1936	
Elgoibar	25/09/1936	Arana Goiri 1ª sec Garaizabal
Markina	28/09/1936	MEABE 1 Largo Caballero
Eibar	01/10/1936	Milicias Populares
Eibar	08/10/1936	MEABE 5 Dragones
Kalamua	04/10/1936	
	02/10/1936	MEABE 6 Rusia
Eibar	19/10/1936	Milicias Populares
Usartza	08/10/1936	Milicias Populares
Markina	23/09/1936	Batallón Barakaldo nº1
Eibar	08/10/1936	MEABE 6 Rusia
Arrate	08/10/1936	MEABE 1 Largo Caballero

NOMBRE	1ER APELLIDO	2º APELLIDO	PROCEDENCIA
Carmelo	Lahidalga	Luzuriaga	Zalduondo
José	Landa	Juan	
Juan	Landazábal	Iriondo	Eibar
Blas	Lazarreta	Inunciaga	Bilbao
León	Lechet		París
Valentin	Lejarcegui	Laucirica	Basauri
Miguel	Lejarza	Sierra	Sodupe
Máximo	león	Marcos	Eibar
Miguel	Leza	Zamora	Portugalete
Emeterio	Llavori	Barandalla	Erandio
Pedro	Llosa	Revuelta	Bermeo
Demetrio	Lluvia	Rodríguez	Eibar
Ángel	Lobato	Martin	Barakaldo
Olegario	López	Sánchez	Salamanca
Antonio	López	García	Palencia
José	López	Rodríguez	Eibar
Francisco	López	Braña	Eibar
Santiago	López	Ruiz	Markina
Julián	López	Martin	Bilbao
Ángel	López	Sauto	La Arboleda
Andrés	López	Uranga	Tolosa
José Luis	Lorenzo	Gutiérrez	Barakaldo

MUERTO EN	FECHA	AFILIACIÓN/BATALLÓN
Arrate	29/09/1936	
Kalamua	29/09/1936	MEABE 6 Rusia
Arrate	29/09/1936	MEABE 3 Amuategui
Elgoibar	25/09/1936	Arana Goiri Compañía Zubiaur
Usartza	13/10/1936	
Akarregi	21/10/1936	UGT 1 Fulgencio Mateos
Usartza	08/10/1936	Milicias Populares
Eibar	29/09/1936	Milicias Populares
Elgoibar	27/09/1936	Milicias populares
Elgoibar	27/09/1936	Arana Goiri 2ª sec Garaizabal
Markina	27/09/1936	
Arrate	30/09/1936	MEABE 3 Amuategui
Eibar	08/10/1936	Milicias Populares
Eibar	17/09/1936	Milicias Populares
Eibar	29/09/1936	UGT 1 Fulgencio Mateos
Kalamua	29/09/1936	Milicias Populares
Akondia	29/09/1936	MEABE 3 Amuategui
Arrate	30/09/1936	MEABE 3 Amuategui
Eibar	08/10/1936	UGT 5 (Madrid)
Usartza	08/10/1936	
Markina	21/10/1936	
Kalamua	04/10/1936	Milicias Populares

NOMBRE	1ER APELLIDO	2º APELLIDO	PROCEDENCIA
Julián	Marco	Pérez	Donostia
Pedro	Marín	Barriuso	Santurtzi
Cecilio	Martínez	Untoria	Portugalete
Jacinto	Martínez	Iglesias	Arrigorriaga
Avelino	Martínez	López	
Eusebio	Martínez	Marín	Barakaldo
Luciano	Martínez De Murgia		Gasteiz
Fulgencio	Mateos	Redondo	Bilbao
Damián	Mazquiaran	Celaya	Altsasu
Vicente	Medina	Medina	Bilbao
José	Mendiluce	Álvarez	
Melecio	Menéndez	Rodríguez	Zumarraga
Horacio	Merino	Larrea	Balmaseda
Ángel	Miguel	Lara	Bilbao
Manuel	Mínguez	Barros	Alonsotegi
Antonio	Montero	Busto	Ortuella
Fernando	Mugarra	Ruiz	Bilbao
Esteban	Múgica	Otegui	
Marino	Muro	Gonzalez	
Saturnino	Nogal	Zabala	San Salvador del Valle
Francisco	Ochoa	Gómez	Donostia
Pedro	Olave	Iriondo	Sopela

MUERTO EN	FECHA	AFILIACIÓN/BATALLÓN
Eibar	17/10/1936	Milicias Populares
Eibar	02/10/1936	Milicias Populares
Karakate	24/09/1936	UHP
Karakate	24/09/1936	Milicias Populares
Eibar	02/10/1936	MEABE 6 Rusia
Markina	10/10/1936	
Elgoibar	07/10/1936	
Markina	21/10/1936	UGT 1 Fulgencio Mateos
Arrate	01/09/1936	CNT
Usartza	06/10/1936	Milicias Populares
Eibar	02/10/1936	MEABE 6 Rusia
Usartza	08//10/1936	Milicias UGT
Usartza	08/10/1936	MEABE 7 octubre
Karakate	24/09/1936	Milicias UGT
Markina	16/10/1936	
Akarregi	21/10/1936	UGT 1 Fulgencio Mateos
Arrate	08/10/1936	MEABE 1 Largo Caballero
Eibar	02/10/1936	MEABE 6 Rusia
Urkaregi	27/09/1936	UGT 4 Carlos Marx
Markina	21/10/1936	UGT 5 Madrid
Eibar	08/10/1936	MEABE 6 Rusia
Arrate	09/10/1936	MEABE 1 Largo Caballero

NOMBRE	1ER APELLIDO	2º APELLIDO	PROCEDENCIA
Ezequiel	Ortigosa		Navarra
Daniel	Ozaeta	Añibarro	Iurre
Miguel	Palacio	Gómez	Portugalete
Miguel	Pascual	Pineda	Tolosa
Daniel	Pascual	Pineda	Tolosa
Miguel	Pedroarena	Pérez	Almandoz
Ramón	Pellejero		Bilbao
Emilio	Peña	Romero	Burgos
José	Peña	Arrona	Donostia
Julián	Pérez	Samperio	Ortuella
Eusebio	Planes	Martínez	Bilbao
Claude	Preste		Saint-Ettienne
Ricardo	Retenaga	Gárate	Eibar
Bruno	Revilla	Arnaiz	Bilbao
Luis	Ribeiro	Sánchez	Madrid
Amalio	Rodríguez	López de Echezarreta	Navarra
Manuel	Rodríguez	Sánchez	Bilbao
Ricardo	Rojas	Alonso	Ortuella
Luciano	Rubiales	Sanz	Deusto
José	Ruiz	Riojano	Bilbao
Serapio	San Nicolás	Abrisqueta	Gernika
Clemente	Sánchez	Yáñez	Bilbao

MUERTO EN	FECHA	AFILIACIÓN/BATALLÓN
Kalamua	02/10/1936	Milicias Populares
Eibar	21/10/1936	UGT 1 Fulgencio Mateos
San Miguel	25/09/1936	Arana Goiri 3ª sec Garaizabal
Eibar	02/10/1936	MEABE 6 Rusia
Eibar	02/10/1936	MEABE 6 Rusia
Eibar	18/10/1936	Milicias Populares
San Miguel	25/09/1936	Arana Goiri Compañía Zubiaur
Eibar	29/09/1936	UGT 1 Fulgencio Mateos
Kalamua	20/10/1936	MEABE 6 Rusia
Kalamua	29/09/1936	Milicias Populares
Eibar	08/10/1936	Cultura y Deporte
Usartza	08/10/1936	
Akondia	29/09/1936	MEABE 3 Amuategui
Usartza	13/10/1936	Milicias Populares
Eibar	27/09/1936	Izquierda Republicana
Durango	25/09/1936	Milicias CNT (Alistado en Atotxa)
Gipuzkoa	26/09/1936	Milicias Populares
Eibar	29/09/1936	UGT 1 Fulgencio Mateos
Eibar	08/10/1936	
Akarregi	21/10/1936	
Arrate	29/09/1936	UGT 1 Fulgencio Mateos
Usartza	08/10/1936	

NOMBRE	1ER APELLIDO	2º APELLIDO	PROCEDENCIA
Joaquín	Santiago	Múgica	Pasaia
Florencio	Sarasola	Martín	Donostia
Gregorio	Serrano	Iglesias	Palencia
Generoso	Setién	Ortiz	Durango
Luis	Suárez	Iglesias	Barakaldo

MUERTO EN	FECHA	AFILIACIÓN/BATALLÓN
Eibar	08/10/1936	MEABE 6 Rusia
Eibar	27/09/1936	Milicias Populares
Hospital	22/09/1936	Guardia Civil
Markina	07/10/1936	UGT 1 Fulgencio Mateos
San Miguel	23/09/1936	UHP 975 Batallón Baracaldo

Muertos del bando sublevado
San Miguel-Arrate-Markina del 21-09-1936 al 21-10-1936

NOMBRE	1ER APELLIDO	2º APELLIDO	TERCIO COMPAÑÍA
Francisco	Abadía	Murillo	
Luis	Aguerri	Beatriz	3ª Compañía Tercio de Lacar
Jesús	Alfaro	Ciaurriz	Falange Española
Emilio	Andión	Andía	3ª Compañía Tercio de lacar
Javier	Arbe	Samanete	3ª Compañía Tercio de Lacar
José Mari	Armendáriz	Zabalegui	Batallón de montaña Sicilia 8
José Francisco	Arozena		1ª Compañía Tercio de Lesaka
Isaías	Arteaga	Ruiz	2ª Compañía Tercio de Lacar
Pedro	Azcona	Villanueva	Batallón de montaña Sicilia 8
José María	Barandalla	Armendáriz	Batallón de montaña Sicilia 8
Anacleto	Barrena	Urra	1ª Compañía Tercio de Lacar
Carlos	Beorlegui	Sarriguen	1ª Compañía Tercio de Lacar
Carlos	Borbón	Orleans	2ª Compañía de Ingenieros
Fidel	Cenoz	Redondo	2ª Compañía Tercio de Lesaka
Máximo	Ciaurriz	Alfaro	3ª Compañía Tercio de Lacar
Nicolás	Del valle	Iturralde	2ª Ingenieros
Jesús	Díaz	Rodríguez	Tercio de Navarra
Luis	Diez De Ciriza	Luzurrun	2ª Compañía Tercio de Lacar
Mario	Echarri	San Juan	
Lauretino	Echeverría	Echeverría	Tercio de Navarra

LUGAR	PROCEDENCIA	FALLECIDO
Eibar	Artieda	02/10/1936
Kalamua		08/10/1936
Elgoibar		27/09/1936
Monte Cónico	Larraga	26/09/1936
Arrate	Galipentzu	28/09/1936
Eibar	Iruña	25/09/1936
Akondia	Iruña	29/09/1936
Eibar	Eulate	27/09/1936
Ziardamendi	Gesalatz	25/09/1936
	Zirauki	21/10/1936
Eibar	Amezkoa Beheko / Eslaba	27/09/1936
Elgoibar	Barasoain	27/09/1936
Monte Cónico	Santillana del Mar	27/09/1936
Ziardamendi	Doneztebe	25/09/1936
Monte Cónico	Miranda de Arga	26/09/1936
Elgoibar	Murillo el Cuende	22/09/1936
	Artajona	30/09/1936
Kalamua	Artazu	11/10/1936
Elgoibar	Arroitz	05/10/1936
	Allin	17/10/1936

NOMBRE	1ER APELLIDO	2° APELLIDO	TERCIO COMPAÑÍA
Jesús	Elduayen	Ibáñez	
Feliciano	Elizegaray	Muniain	Requeté
Luis	Erice	Erro	1ª Compañía Tercio de Lacar
Luis	Erice	Erro	1ª Compañía Tercio de Lacar
Serapio	Eslava	Amezqueta	4ª Compañía Tercio de Lacar
Ignacio	Floristain	Nievas	Tercio de Navarra
José	Francés	Castillo	Requeté
José	Fustel	Guillen	Lacar
Luis	Ganuza	Oficial degui	3ª Compañía Tercio de Lacar
José María	García	Zalba	Batallón de montaña Sicilia 8 6ª Compañía
Melchor	García	Echauri	4ª Compañía Tercio de Lacar
Javier "Pedrete"	Gil	Arbe	1ª Compañía Tercio de Lacar
Fermín	Góngora	Sortes	Regimiento de transmisiones
Teodoro	Gorri	Andia	Requeté
Víctor	Illarregui	Iriberri	1ª Compañía Tercio de Lacar
Jesús	Iñigo	Montoya	Batallón Cazadores de Montaña Arapiles 7
Víctor	Iriarte	Martiotegui	
Amancio	Irigoyen	Beperet	Tercio de Montejurra
Francisco	Irigoyen		
Juan Cruz	Irizar	Salazar	1ª Compañía Tercio de Lacar

LUGAR	PROCEDENCIA	FALLECIDO
Tolosa	Sangüesa	22/09/1936
Eibar	Elortz	09/10/1936
Morkaiko	Iruña	26/09/1936
Morkaiko	Iruña	26/09/1936
Elgoibar	Txulapain	27/09/1936
	Arguedas	15/10/1936
Eibar	Peralta	08/10/1936
	Iruña	02/10/1936
Ziardamendi	Artaxoa	25/09/1936
Placencia	Iruña	22/09/1936
Eibar	Oteiza de la Solana	29/09/1936
Elgoibar	Zangotza	21/09/1936
Eibar	Lumbier	09/10/1936
Elgoibar	Olite	23/09/1936
Eibar	Iruña	03/10/1936
Eibar	Allo	29/09/1936
Elgoibar	Mañeru	17/10/1936
Eibar	Solana de Sangüesa	24/09/1936
		06/10/1936
Kalamua		09/10/1936

NOMBRE	1ER APELLIDO	2° APELLIDO	TERCIO COMPAÑÍA
Donato	Lana	Echeverría	4ª Compañía Tercio de Lacar
Agustín	Layun	Lacunza	
Nicolás	Lerga	Zulet	1ª Compañía Tercio de Lacar
Esteban	Lizaun	Labarta	
Jesús	López	Avalos	1ª Compañía Tercio de Lacar
José	López	Arevalos	1ª Compañía Tercio de Lacar
Rufino	López	Malumbres	
Mario	Machicote	Lizardi	Requeté
José	Mezquíriz	Oroz	Requeté
Jesús	Moreo	Sabio	1ª Compañía Tercio de Lacar
Pablo	Oses	Barbarín	1ª Compañía Tercio de Lacar
Ángel	Oses	Malo	1ª Compañía Tercio de Lacar
José	Petricorena	Juanarena	Batallón de montaña Sicilia 8
Manuel	Ponce de León		2ª Compañía Tercio de Lesaca
Fermín	Ramírez		Lacar
José	Revolé	Goñi	2ª Compañía Tercio de Lacar
Emilio	Sáenz	Zubiria	4ª Compañía Tercio de Lacar
Eugenio	San Martín	Irazoqui	Requeté
Gregorio	Sesma	Díaz	1ª Compañía Tercio de Lacar
Luis	Silanes	Platera	1ª Compañía Tercio de Lacar
Luis	Tanco	Pérez	Tercio de Lacar

LUGAR	PROCEDENCIA	FALLECIDO
Elgoibar	Eulz	02/10/1936
Elgoibar	Zarikiegi	02/10/1936
Elgoibar	Eslaba	26/09/1936
Arrate	Olite	02/10/1936
Elgoibar	Gares-Puente la Reina	26/09/1936
Morkaiko	Puente la Reina	26/09/1936
Elgoibar	Milagro	29/09/1936
Elgoibar	Igantzi	29/09/1936
Elgoibar	Iruña	02/10/1936
Eibar	Sangüesa	26/09/1936
Maltzaga	Arroitz	22/09/1936
Eibar	Andosilla	05/10/1936
Tolosa	Labaien	26/09/1936
Eibar	Sevilla	02/10/1936
Eibar	Estella-Lizarra	29/09/1936
Kalamua	Lumbier	11/10/1936
Azkoitia	Eultz	06/10/1936
Eibar	Lumbier	01/10/1936
Azkarate	Corella	21/09/1936
Arrate	Legaria	28/09/1936
Eibar	Murillo el fruto	01/10/1936

NOMBRE	1ER APELLIDO	2º APELLIDO	TERCIO COMPAÑÍA
José	Torres	Fernández	Tercio de Lesaca
Joé Ramón	Trobo	Valdés	3ª Centuria de la Falange Española
Pablo	Urabayen	Ros	
Jacinto	Urla	Amadoz	2ª Compañía Tercio de Lacar
Jesús	Zaratiegui	Otazu	Requeté

LUGAR	PROCEDENCIA	FALLECIDO
Akondia		05/10/1936
Morkaiko	Madrid	25/09/1936
Elgoibar	Lezaun	02/10/1936
Éibar	Murillo el Cuende	14/10/1936
Azkoitia	Oloritz	17/10/1936

En la línea del frente

Munición escasa y en muchas ocasiones recargada con pólvora negra, que según comentaban algunos milicianos, los proyectiles no alcanzaban más allá de 30 metros, además del gran número de cartuchos defectuosos, que incluso llegaban a deteriorar gravemente sus armas. (Juan Palacios Batallón Amuategi).

Una de las muchas preguntas y dudas que nos planteamos era el armamento utilizado, así como el origen de dicho armamento por ambos bandos. Tras un análisis de las vainas encontradas en diferentes posiciones, nos ha proporcionado una idea de la gran diferencia y nos ha permitido deducir las fuentes de suministro de las armas y munición. Este análisis hace muy evidente la superioridad del bando sublevado en su armamento, tanto en calidad como en cantidad. Contando con una aplastante superioridad en medios artilleros, de aviación y una mayor cantidad de elementos de infantería. Existen elementos que marcan claramente qué bando ocupaba cada posición según nos indican los proyectiles utilizados. Los marcajes de los culotes de las vainas nos indican las características del cartucho, una fecha y una procedencia. En las posiciones situadas al este del río Deba, encontramos que se usaron armas en su mayoría pertenecientes al cuartel de Garellano y las incautadas en la toma del cuartel de Loiola por los milicianos. Fusiles y munición del ejército idéntico al que traían los requetés navarros de los cuarteles de América

23 de Pamplona y Sicilia 8 de Estella (Mauser español 1893). Se hace imposible la deducción de la ocupación, puesto que el armamento de los cuarteles gubernamentales era el mismo en ambos bandos.

> *"Contábamos solo con el armamento que habíamos cogido en Loyola. Pero ocurría que no teníamos munición, porque en Éibar se hicieron unas balas, pero que no tenían el peso debido y no resultaban, los fusiles también sufrían mucho y se estropeaban con relativa facilidad."* (Auspicio Ruiz Archivo Historico de Euskadi C8/Exp4)

Algunas armas ya obsoletas, residuos de otras guerras en manos de civiles y milicianos como los rifles Remington modelo de 1871, o las pistolas ametralladoras de fabricación eibarresa muy utilizada por los milicianos en este frente. Debido a la escasez de armas y munición enviadas por el gobierno de la república española, el PNV por medio del Goberndor Civil, Echevarría Novoa y Rafael Picavea consiguen fletar un barco capitaneado por Bonifacio Aranguena bajo bandera Mejicana de nombre "Azteca". Es muy notable la aparición del armamento recién llegado procedente de Danzig (Polonia), que transportaba fusiles checos de última fabricación, de cali- bre 7´92X57 y características muy superiores a los utilizados hasta el momento de calibre 7X57.

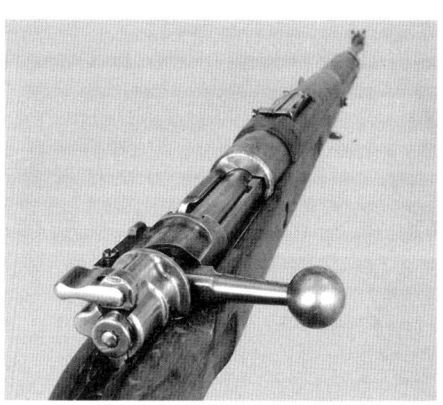

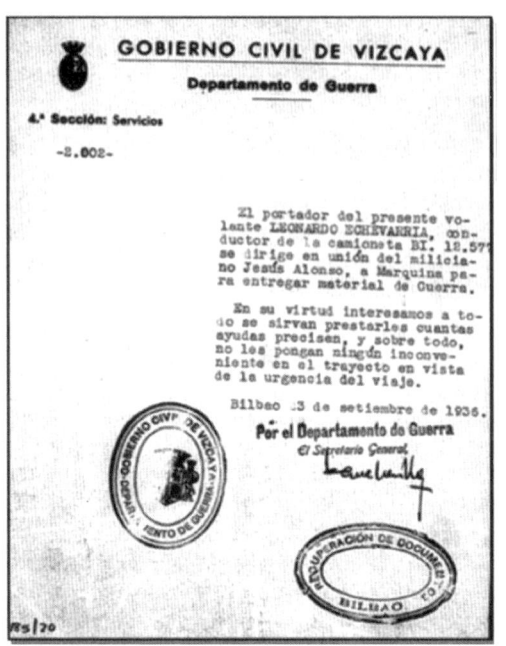

GOBIERNO CIVIL DE VIZCAYA

Departamento de Guerra

4.ª Sección: Servicios

-2.002-

El portador del presente volante LEONARDO ECHEVARRIA, conductor de la camioneta BI. 12.577 se dirige en unión del miliciano Jesús Alonso, a Marquina para entregar material de Guerra.

En su virtud interesamos a todo se sirvan prestarles cuantas ayudas precisen, y sobre todo, no les pongan ningún inconveniente en el trayecto en vista de la urgencia del viaje.

Bilbao 13 de setiembre de 1936.

Por el Departamento de Guerra

El Secretario General,

FN 1935 T

Calibre: 7 x 57

FNT. Fábrica Nacional de Toledo. 1935 (Ambos Bandos).

Procedencia: Cuarteles gubernamentales.

PS 1936

Calibre: 7 x 57

PS. Pirotécnica de Sevilla. (Ambos Bandos).

Procedencia: Cuarteles gubernamentales.

BKIW NICORRO

Calibre: 7. 63 X 25

Pistola Mauser. Berlin-Karlsruher Industrie Werke.

Procedencia: Uso civil, guardia de asalto.

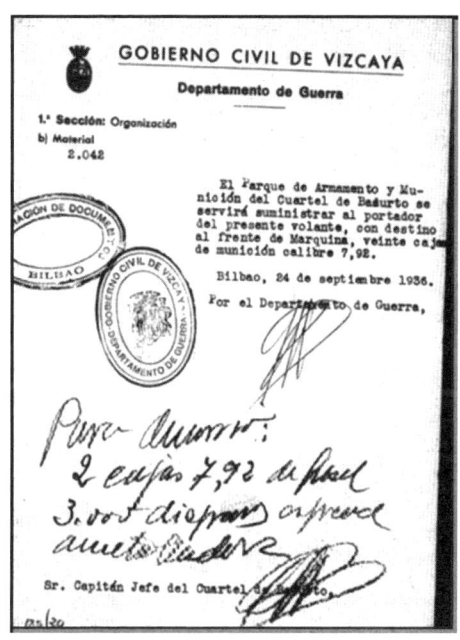

GOBIERNO CIVIL DE VIZCAYA

Departamento de Guerra

1.ª Sección: Organización
b) Material
2.042

El Parque de Armamento y Munición del Cuartel de Basurto se servirá suministrar al portador del presente volante, con destino al frente de Marquina, veinte cajas de munición calibre 7,92.

Bilbao, 24 de septiembre 1936.

Por el Departamento de Guerra,

Sr. Capitán Jefe del Cuartel de Basurto.

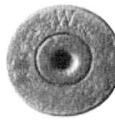

Calibre; 7,92 X 57 (8mlm Mauser)

Manfred Weiss Patronenfabrick de Budapest. (Hungríma).

Procedencia; Excedente I Guerra Mundial

Barco "Azteca"

Calibre; 7,92X 57 (8mlm Mauser) Hugo Schneider A.G de Alten- burg. (Alemania).

Procedencia; Procedencia; Excedente I

Guerra Mundial Barco "Azteca"

Calibre; 7,92 X 57 (8mlm Mauser)

Messingwerke Goggel de Moosach (Alemania). Fábrica desaparecida tras la I Guerra Mundial. (5-mayo, 18-año 1918) Procedencia; Excedente I Guerra Mundial

Barco "Azteca"

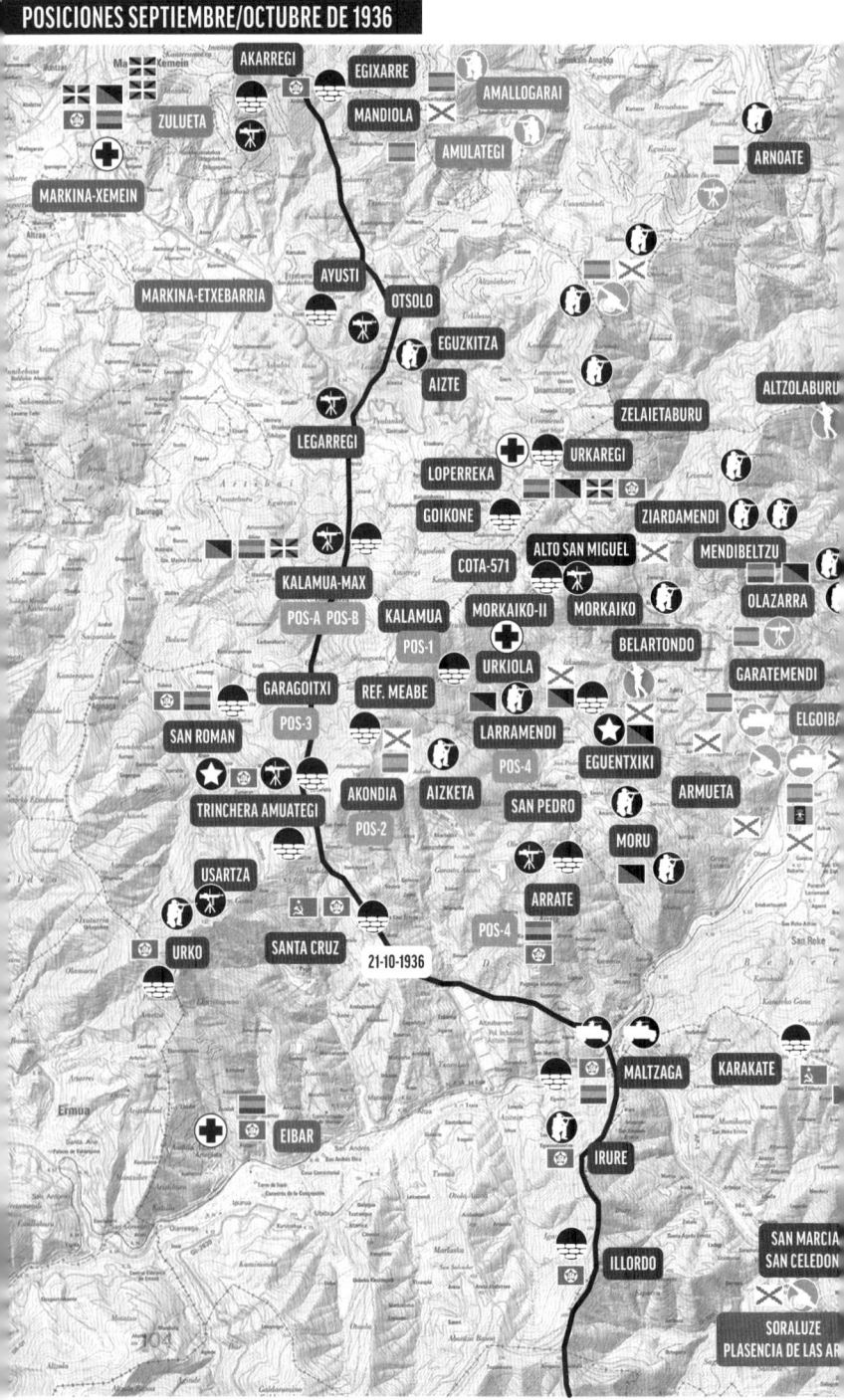

POSICIONES SEPTIEMBRE/OCTUBRE DE 1936

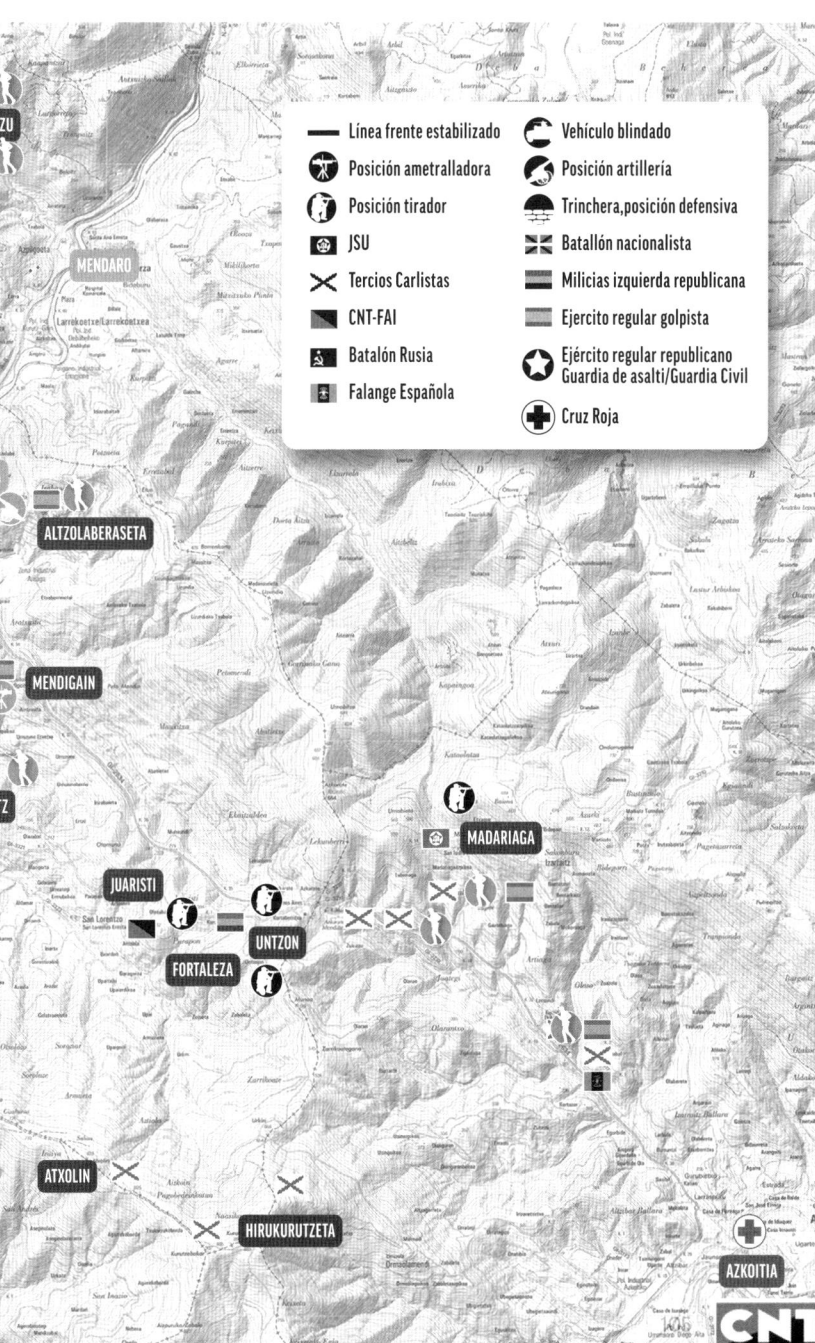

Leyenda

— Línea frente estabilizado

🦅 Posición ametralladora

🎯 Posición tirador

☭ JSU

✕ Tercios Carlistas

◣ CNT-FAI

☭ Batalón Rusia

⚑ Falange Española

🛞 Vehículo blindado

🔫 Posición artillería

🛡 Trinchera, posición defensiva

🏴 Batallón nacionalista

▬ Milicias izquierda republicana

▬ Ejercito regular golpista

★ Ejército regular republicano
Guardia de asalti/Guardia Civil

➕ Cruz Roja

ALTZOLABERASETA

MENDARO

MENDIGAIN

MADARIAGA

JUARISTI

FORTALEZA

UNTZON

ATXOLIN

HIRUKURUTZETA

AZKOITIA

CNT
GIPUZKOA

Localización y fecha de ocupación de las posiciones

Coordenadas UTM, Datum WGS84, Mapa Eibar Hoja 63

POSICIÓN	COORDENADAS UTM	FECHA OCUPACIÓN
MADARIXA	30 T X-553302 Y-4784094 Z-507 m	21/09/1936
UNTZON-1	30 T X-551704 Y-4783369 Z-478 m	21/09/1936
UNTZON-2	30 T X-551576 Y-4783156 Z-517 m	21/09/1936
FORTALEZA	30 T X-551141 Y-4783111 Z-465 m	21/09/1936
JUARISTI	30 T X-550556 Y-4783431 Z-365 m	21/09/1936
UPAITZ	30 T X-548683 Y-4784640 Z-214	21/09/1936
MENDIGAIN	30 T X-549044 Y-4785462 Z-251 m	22/09/1936
GARATEMENDI-1	30 T X-547289 Y-4785820 Z-279 m	22/09/1936
GARATEMENDI-2	30 T X-547213 Y-4785881 Z-290 m	22/09/1936
OLAZARRA-1	30 T X-547462 Y-4786576 Z-271	23/09/1936
OLAZARRA-2	30 T X-547359 Y-4786643 Z-332	23/09/1936
MENDIBELTZU	30 T X-547292 Y-4786849 Z-390 m	23/09/1936

BATALLÓN COMPAÑÍA	OBSERVACIONES
Stalin (Meabe 2)/ Amuategui/ Guardia Civil	Parapetos en la Ermita. Desaparecida.
Lacar/ 1ª Compañia de Ingenieros	
CNT Guipuzcoa Stalin (Meabe 2)/ Amuategui/ Guardia Civil	Desaparecida.
CNT Guipúzcoa Stalin (Meabe 2)/ Amuategui/ Guardia Civil	Desaparecida.
CNT Gipuzkoa Stalin (Meabe 2)/ Amuategui/ Guardia Civil	Trinchera con foso. Se conservan restos del foso.
CNT Gipuzkoa Stalin (Meabe 2)/ Amuategui/ Guardia Civil	Muro de mampostería junto a los caserios de Juaristi. Buen estado.
Stalin (Meabe 2)/ Amuategui/ Guardia Civil	Posición entre arbolado. Desaparecida.
1ª y 4ª compañía de Lacar	
Arapiles 7 Requetés de Cayuela	Muro de mampostería. En buen estado.
2ª Compañía de Ingenieros	Trinchera de sacos terreros con foso. Se conserva el foso.
2ª Compañía de Ingenieros	Posición de ametralladora. Desaparecida.
CNT 3ª Compañia Guardia de Asalto Baracaldo	Muro de mamposteria. Desaparecido.
CNT 3ª Compañía Guardia de Asalto Barakaldo	Posición entre hayas, junto al camino del caserio Mendibeltzu (ruinas).
CNT 3ª Compañía Guardia de Asalto Barakaldo	Trinchera con foso en el alto de Mendibeltzu.
Sicilia 8 Falange española	Desaparecida.

POSICIÓN	COORDENADAS UTM	FECHA OCUPACIÓN
ALTZOLABERASETA	30 T X-549003 Y-4786882 Z-187 m	21/09/1936 22/09/1936
		22/09/1936
ALTZOLABURU	30 T X-548076 Y-4787875 Z-373 m	24/09/1936
MORKAIKO 571	30 T X- 544969 Y-4786662 Z-571 m	27/09/1936

Refugio Tomás Meabe, inagurado en 1934 y desaparecido durante la estabilización del frente de 1937.

BATALLÓN COMPAÑÍA	OBSERVACIONES
CNT Guipúzcoa Stalin (Meabe 2)/ Amuategui/ Guardia Civil	Muro de mampostería. Conservado.
Arapiles 7 Requetés de Cayuela	
3ª Compañía de Lacar	Alto de Altzolaburu. Desaparecida.
2ª Compañía de Lesaca	
CNT 3ª Compañía Baracaldo Guardia de asalto Meabe 1 Largo Caballero Azaña Guipúzcoa	Elevación del terreno protegida por sacos terreros. Desaparecida. Después de los combates, habitante de Eguentxiki recoge una granada, explotando y produciéndole la muerte.

Posiciones de Morkaiko visto desde Ziardamendi

POSICIÓN	COORDENADAS UTM	FECHA OCUPACIÓN
GOIKONE	30 T X-544801 Y-4786893 Z-549 m	27/09/1936
URKAREGI	30 T X-545222 Y-4787584 Z-340 m	23/09/1936 24/09/1936 25/09/1936 26/09/1936 27/09/1936 28/09/1936
BELARTONDO	30 T X-546343 Y-4786348 Z=380	23/09/1936 24/09/1936 25/09/1936
MORU	30 T X-546011 Y-4784283 Z-429 m	22/09/1936 23/09/1936 24/09/1936 25/09/1936 26/09/1936 27/09/1936 28/09/1936 **28/09/1936**
LARRAMENDI	30 T X-545510 Y-4785403 Z-468	22/09/1936 23/09/1936 24/09/1936 25/09/1936 26/09/1936 27/09/1936 28/09/1936 28/09/1936
MURO OLABURU	30 T X-544732 Y-4785747 Z-531	27/09/1936
URKIOLATXIKI	30 T X-544455 Y-4785867 Z-529	27/09/1936

BATALLÓN COMPAÑÍA	OBSERVACIONES
CNT 3° Compañia Baracaldo Guardia de Asalto Meabe 1 Largo Caballero	Trinchera de sacos terreros con foso. Después durante la ocupación fascista, convertida en puesto de vigilancia. Se conserva el foso claramente visible.
CNT 3° Compañia Baracaldo Guardia de Asalto UGT 4 Carlos Marx Arana Goiri Arapiles 7 Requetés de Cayuela Falange española	Trinchera de sacos terreros. Desaparecida. Los edificios de las casas de miqueletes y miñones fueron utilizados primeramente por los milicianos y despúes como base de los blindados fascistas.
CNT 3° Compañia Baracaldo Guardia de Asalto	Foso muy seguramente perteneciente a una antigua trinchera. Visble.
CNT 3° Compañia Azaña Guipúzcoa 2ª Compañia de Lacar 1ª Compañía de Lesaca	Posiciones entre las rocas. Desconocida trinchera. Al pie de estas posiciones se encuentra el caserío Arraitza, donde los milicianos anarquistas establecen un puesto de aprovisionamiento.
CNT 3° Compañía Azaña Guipúzcoa 2ª Compañía de Lacar 1ª Compañía de Lesaca	Trinchera en forma de herradura de unos 200m de longitud, perfectamente visible.
CNT 3° Compañía Azaña Guipúzcoa	Muro de mampostería, junto a Santumotz. Se conserva en buenas condiciones.
CNT 3° Compañía Azaña Guipúzcoa	Muro de mampostería junto al caserío Urkiolatxiki. Se conserva en buenas condiciones.

POSICIÓN	COORDENADAS UTM	FECHA OCUPACIÓN
AIZKETA	30 T X-544139 Y-4784808 Z-690	28/09/1936 Abril-1937
AKONDIA	30 T X-543129 Y-4784759 Z-735	28/09/1936 Abril-1937
OTSOLO	30 T X-543513 Y-4788676 Z-269	Octubre 1936 Abril-1937
ZELAIETABURU	30 T X-545722 Y-4788047 Z-452	25/09/1936 26/09/1936 27/09/1936 Abril-1937
EGUZKITZA	30 T X-543765 Y-4788502 Z-305	28/09/1936 Abril-1937
EGIXARRE	30 T X-543189 Y-4790712 Z=402	Octubre 1936 Abril-1937
ONUNTZOZABAL	30 T X-543455 Y-4790551 Z=425	Octubre 1936 Abril-1937
AKARREGI	30 T X-542585 Y-4791549 Z=410	Octubre 1936 Abril-1937
ZULUETA	30 T X-542159 Y-4790579 Z=402	Octubre 1936 Abril-1937
ESKUTUR	30 T X-546997 Y-4790333 Z-486	27/09/1936
		27/09/1936

BATALLÓN COMPAÑÍA	OBSERVACIONES
Milicianos en repliegue Grupo Ochoa de Zabalegui	Posición entre rocas utilizadas como parapeto. Posteriormente utilizada como lugar de campamento de los fascistas hasta abril de 1937.
UGT 1, Guardia de Asalto, Azaña Guipúzcoa, Amuategui	Posición 2. restos de los fosos de trincheras de ambos bandos. Túnel excavado por los milicianos.
UGT "Compañia Carl Marx"	Trinchera desaparecida. Posición junto al antiguo caserío Otsolo.
"Compañía Carl Marx" Batallón Arana Goiri	Restos de trinchera, donde se exhumaron los cuerpos de tres milicianos. Posición utilizada tanto en septiembre de 1936 como en abril de 1937.
"Compañía Carl Marx" Batallón Arana Goiri	Posición desaparecida, utilizada en el repliegue de los milicianos tras la pérdida de las posiciones de Urkaregi.
UGT-1 Fulgencio Mateos	Muro de mampostería en buen estado. Antiguo caserío Egixarre visible.
Requetés. Falange española	Restos de fosos de trinchera y bloques de hormigón de nido de ametralladora visibles.
Fulgencio Mateos UGT 1 Boga Boga	Restos de fosos de trinchera visibles.
Compañía batallón SASETA	Compañía de Ametralladoras.
UGT 4 Carlos Marx Arana Goiri Guardia Asalto CNT 3ª Compañía Azaña Guipúzcoa Baracaldo Arapiles 7 Requetes de Cayuela	Posición junto al caserío Arnoate. Desaparecida.

POSICIÓN	COORDENADAS UTM	FECHA OCUPACIÓN
OTSARTIAGA	30 T X-546638 Y-4789738 Z-490 m	27/09/1936
ALDOSKA	30 T X-547239 Y-4790683 Z-505	27/09/1936
TRINCHERA-KM 55 (LEGARREGI)	30 T X-543629 Y-4788029 Z-230	Oct-1936 Abril-1937
AIUSTI	30 T X-543194 Y-4788974 Z-249	Oct-1936 Abril-1937

Ermita de San Emeterio y San Zeledonio (Soraluze) En el muro de la entrada, labrado en la piedra, se lee: "31.1.37 J.P. y C.R DE YESA".

Junto con las aspas de San Andrés. Incripciones que realizaron José Pérez y Cesáreo Pérez del tercio de Montejurra

BATALLÓN COMPAÑÍA	OBSERVACIONES
UGT 4 Carlos Marx Arana Goiri Guardia Asalto CNT 3ª Compañía Azaña Guipúzcoa Baracaldo	Posición del cordal de Arnoate. Desaparecida.
UGT 4 Carlos Marx Arana Goiri Guardia Asalto CNT 3ª Compañía Azaña Guipúzcoa Baracaldo	Posición del cordal de Arnoate. Desaparecida.
Euzkadiko Gudarostea	Trinchera desaparecida, junto a la carretera del puerto de Urkaregi.
UGT 1 Fulgencio Mateos	Trinchera desaparecida, junto a los caseríos del barrio de Aulesti. Posición muy castigada durante la estabilización del frente.

POSICIÓN	COORDENADAS UTM	FECHA OCUPACIÓN
KALAMUA-MAX-A	30 T X-543080 Y-4786514 Z-614	Oct-1936 Abril-1937
ARMUETA	30 T X-546742 Y-4784890 Z-250	22/09/1936 23/09/1936 24/09/1936 25/09/1936 26/09/1936 27/09/1936
EGUENTXIKI	30 T X-545993 Y-4785214 Z-379	22/09/1936 23/09/1936 24/09/1936 25/09/1936 26/09/1936 27/09/1936
KARAKATE	30 T X-548244 Y-4782224 Z-730	22/09/1936 23/09/1936 24/09/1936
		22/09/1936 23/09/1936 24/09/1936 Abril-37

Muro de Egixarre, al fondo Onuntzozabal. Lugar de los combates el dia 21/10/1936.

BATALLÓN COMPAÑÍA	OBSERVACIONES
2ª Compañía Malatesta CNT	Posición desaparecida. Restos de trinchera.
Celta CNT San Andrés STV Rosa Luxemburgo	
2ª Compañía de Lacar 1ª Compañía de Lesaca	Posición desaparecida, a lo largo de toda la loma de Armueta los fascistas hostigaban a los milicianos de Moru y Eguentxiki.
CNT 3ª Compañía	Varios muros de mampostería en buenas condiciones, claramente visibles.
Azaña Guipúzcoa 2ª Compañía de Lacar 1ª Compañía de Lesaca	
Compañía Carlos Marx (Rusia) UHP	Varias posiciones desaparecidas que se repartían a lo largo de todo el cordal de Karakate a Hirukurutzeta.
Tercio de Montejurra	

POSICIÓN	COORDENADAS UTM	FECHA OCUPACIÓN
HIRUKURUTZETA	30 T X-551387 Y-4780691 Z-898	22/09/1936
		22/09/1936 Abril-1937
ARRATE	30 T X-544908 Y-4783798 Z-530	Sep-1936 Abril-1937
SANTA CRUZ	30 T X-543099 Y-4783625 Z-400	Sep-1936 Abril-1937

BATALLÓN COMPAÑÍA	OBSERVACIONES
Compañía Carlos Marx (Rusia) UHP	Posiciones desaparecidas.
Tercio de Montejurra	
Amuategui Meabe JSU CNT	Restos de trincheras visibles.
Columna Diez de Rivera	
Compañía Carlos Marx	Visibles restos de trincheras, levantamientos del terreno.
Amuategui	

Bibliografía utilizada

Ahaztuen Oroimena; Markinaldeko Frentea.

AGMAV Archivo General Militar de Ávila.

AGUN Archivo General de la Universidad de Navarra (Archivo Lizarza y Lasala).

AHE/EAH Archivo Histórico de Euskadi/ Euskadiko Artxibo Historikoa.

Juan Palacios, Sub-Oficial, Batallón Amuategui Fidel Mediavilla. Sargento Batallón Rusia

Juan Behistegi. Batallón Loyola

Francisco Barreña Elizegi, Miliciano Batallón UGT 1. Maizales bajo la lluvia Víctor Lekunberri "Otxabina". Batallón Amuategi. Archivo Histórico de Euskadi

Kepa Ordoki Vázquez. Capitán Batallón San Andrés STV. Archivo histórico de Euskadi. Fondo Blasco Olaetxea).

CDMH Centro Documental de la Memoria Histórica.

CNT Gipuzkoa.

Deba 1936-1945 Conculcación de los derechos humanos y represión durante la Guerra Civil y el primer franquismo.

FAL (Fundación Anselmo Lorenzo. Archivo Ámsterdam).

FAL (Fundación Anselmo Lorenzo. Archivo fotográfico).

Fondo Fotográfico Indalecio Ojanguren. Archivo General de Gipuzkoa.

Fundación Pablo Iglesias.

Goazen Gudari Danok En defensa de la libertad.

Hemeroteca Archivo Koldo Mitxelena.

Hemeroteca Diario Unidad.

Hemeroteca El Pensamiento Navarro.

Hemeroteca CNT del Norte.

Instituto de la Memoria, la convivencia y los Derechos Humanos. GOGORA.

Gutiérrez, Jesús. *La Guerra Civil en Eibar y Elgueta*.

Jiménez de Aberasturi, Luis María y Juan Carlos. *La Guerra en Euskadi*.

Manuel Chiapuso y Luis M.ª Jiménez de Aberasturi. *Los anarquistas y la guerra en Euskadi*

Amilibia, Miguel de. *Los Batallones de Euskadi*.

Herrera Alonso, Emilio. *Los mil días del Tercio de Navarra*.

Memorias del Tercio de Montejurra.

Munición.org.

Onaindia, Alberto. *Propuestas, Sondeos e Intentos de Paz. Hombre de Paz en la Guerra*.

Vargas, Alonso. *Las bases sociales del frente popular en Euskadi y la defensa de la república* (2015).

30 años de lucha. Mi actuación como militante de la CNT y anarquista español Manuel Pérez.

Este libro se terminó de editar
en invierno de 2023, noventa
años después de la insurrección
anarquista de La Decembrina.

FUNDACIÓN ANSELMO LORENZO
Cuadernos libertarios, 14